Maastricht

Irmgard Faber-Asselborn

MAASTRICHT

Unterwegs in Europas kleinster Metropole

GEV

www.gev.be
buchverlag@grenzecho.be

ISBN 978-3-86712-046-3
D/2010/3071/1

Text: Irmgard Faber

Graphik und Satz: Grenz-Echo

Printed in EU

Inhalt

Maastricht

Name der Stadt

Maastricht, abgeleitet aus dem Lateinischen „Traiectum ad Mosam“ bzw. „Mosae Traiectum“, d.h. Maas-Überquerung. Am Ort ihres Heerlagers errichteten die Römer eine Brücke über die Maas

Hauptstadt der Provinz Limburg

Partnerstädte

Lüttich/Belgien
Koblenz/Deutschland
El Rama/Nicaragua

Einwohnerzahl

ca. 120.000

Maastricht

Maastricht ist längst kein Geheimtipp mehr. Weder im eigenen Land, noch bei den angrenzenden Belgiern und Deutschen. Immer mehr Menschen scheinen zu verstehen, was der städtische Fremdenverkehrsverein mit seinem kokett selbstbewussten Werbespruch meint: Maastricht, dat gun je jezelf - (Maastricht, das gönnst du dir). Ja, die lebendige Stadt an der Maas ist in den letzten Jahren fast so etwas wie ein Luxusprodukt geworden, das man sich gern ab und zu mal leistet. Als Unterbrechung des Alltags. Um auf andere Gedanken zu kommen. Ein Ort, der der Seele guttut. Hinreißende Altstadtromantik, elegante Geschäfte und Kunstgalerien, kulinarische Genusstempel und urgemütliche Kneipen, die ansteckend lebenslustige, internationale Atmosphäre, die hier allgegenwärtig ist, das alles macht den unwiderstehlichen Reiz dieser Stadt aus und lässt die Zahl ihrer Freunde stetig wachsen.

Und Maastricht ruht sich nicht aus im Bewusstsein seiner Beliebtheit. Bis 2018 haben sich die Stadtväter ein ehrgeiziges Ziel gesetzt. Maastricht soll als Bewerber für den Titel „Kulturhauptstadt Europas" ins Rennen gehen. Gemeinsam mit den Nachbarstädten Heerlen und Sittard-Geleen sowie den euregionalen Partnern Aachen, Lüttich und Hasselt. Gern möchte man in Maastricht wieder daran erinnern, wie sich die Stadt als Gastgeberin der großen europäischen Gipfelkonferenzen 1981

Egal, wo man aus Maastricht hinausfährt, man landet schnell im Grünen. Idyllische Fachwerkdörfer, sanfte Hügel – Limburgs Landschaft ist so unholländisch wie seine Hauptstadt.

und 1991 präsentierte: Als eine europäische Metropole par excellence. Die südlichste Stadt des Königsreichs der Niederlande. Ziemlich genau auf der geographischen Linie, wo germanischer und romanischer Kulturraum aneinanderstoßen. Aber nun nicht mehr feindlich wie so oft im Lauf der Geschichte, sondern einander ergänzend und inspirierend.

In Maastricht sieht man leicht Sterne! Man begegnet ihnen nicht nur hier im Kreisverkehr der Avenue Céramique (Europasterne-Installation der italienischen Künstlerin Maura Biava) sondern überall in der Stadt. Als uralter Bestandteil von Stadtwappen und -fahne, als typische Maastrichter Schokoladennascherei („Mestreechse sterkes"), sie strahlen über den Kochtöpfen der Star(!)-Köche und signalisieren Maastrichts Bedeutung für Europa.

WIRTSCHAFT:

Überregional wichtiges Verwaltungszentrum und Sitz zahlreicher nationaler und internationaler Institutionen. Standort von Universität und mehreren Hochschulen. Besonders bedeutsam und mit langer Tradition die Keramik- sowie die Zementindustrie. Wesentliche Wirtschaftsfaktoren darüber hinaus der Tourismus und die Kongress-und Messeaktivitäten der Stadt.

HOCHSCHULEN:

Universität (mit Universitätsklinik). Darüber hinaus Hochschulen für Musik, Architektur, Darstellende und Bildende Kunst, eine Hotelfachschule sowie zahlreiche internationale Bildungsinstitutionen wie die „Maastricht School of Management", ein Forschungszentrum der Vereinten Nationen, das „European Journalism Center" u.v.a.

STRASSENVERBINDUNGEN UND VERKEHR:

Für Deutsche ist Maastricht per Auto erreichbar über die A 4 bzw. A 44 Richtung Aachen, am Autobahnkreuz Aachen Richtung

Heerlen/Antwerpen, am Knooppunt Kunderberg auf die A 79 nach Maastricht. Landstraßen-Alternative: Von Aachen nach Vaals über die N 278 nach Maastricht. Besucher aus dem Ruhrgebiet wählen die Strecke über die A 40 nach Venlo und von dort über Roermond/A 2 nach Maastricht.

EISENBAHN:

Maastrichts Bahnhof, die „Centraal Station“ liegt im Stadtteil Wyck (östliches Maasufer). Verbindung mit der Euregiobahn über Heerlen, Aachen bis in den Kreis Düren; zwischen den Hauptbahnhöfen Aachen und Maastricht verkehrt überdies eine Buslinie. Brüssel wird von Maastricht aus in 75 Min. mit dem Maastricht-Brüssel-Express erreicht; von dort Anschluss an den Thalys (nach Paris) bzw. Eurostar (nach London).

FLUGHAFEN:

Maastricht-Aachen-Airport ist 20 Min. vom Stadtzentrum entfernt und zweitgrößter niederländischer Flughafen. Beliebte Urlaubsregionen werden von hier aus angeflogen und machen den Airport auch für Deutsche attraktiv.

KLIMA:

Im Unterschied zu anderen niederländischen Städten mehr kontinental beeinflusst, d.h. oft kältere Winter als im Rest des Landes und im Sommer regelmäßig landesweit die höchsten Temperaturen.

Entfernungen

Aachen	**- Maastricht**	**ca.**	**30 km**
Köln	**- Maastricht**	**ca.**	**100 km**
Düsseldorf	**- Maastricht**	**ca.**	**110 km**
Mönchengladbach	**- Maastricht**	**ca.**	**85 km**
Duisburg	**- Maastricht**	**ca.**	**120 km**
Maastricht	**- Airport Maastricht Aachen**	**ca.**	**9 km**
Maastricht	**- Valkenburg**	**ca.**	**11 km**
Maastricht	**- Heerlen**	**ca.**	**20 km**
Maastricht	**- Kerkrade**	**ca.**	**26 km**
Maastricht	**- Roermond**	**ca.**	**50 km**
Maastricht	**- Venlo**	**ca.**	**80 km**

Ihre Schönheit bezieht die Stadt ganz wesentlich aus ihrer langen Geschichte. Ob sie so lang ist wie die des gelderländischen Nimwegen, das ebenfalls beansprucht, „älteste Stadt der Niederlande“ zu sein, mögen die Historiker weiter diskutieren. Für die Maastrichter spielt das keine so entscheidende Rolle. Sie sind stolz auf ihre Stadt, die sich wie ein Bilderbuch der europäischen Geschichte präsentiert. Man pflegt in Maastricht intensiven Kontakt zu dieser Vergangenheit. Aber die 1500 Baudenkmäler schaffen nicht die Atmosphäre eines Freilichtmuseums, sondern das reiche historische Erbe ist inspirierender Faktor in dieser vitalen und kreativen Stadt, die in so staunenswerter Weise Altes und Neues in Beziehung zu setzen weiß. Maastricht war Jahrhunderte lang immer wieder Austragungsort der Konflikte zwischen den europäischen Großmächten. Wurde geschunden in Belagerungen und Kriegen. Vielleicht gerade deshalb ist hier heute europäisches Denken und Handeln besonders ausgeprägt und selbstverständlich. Am Schnittpunkt von Ost und West will die Stadt für das heutige Europa einen konstruktiven Beitrag leisten.

Die Grabkammer des Hl. Servatius in der Krypta von Maastrichts Servaas-Basilika

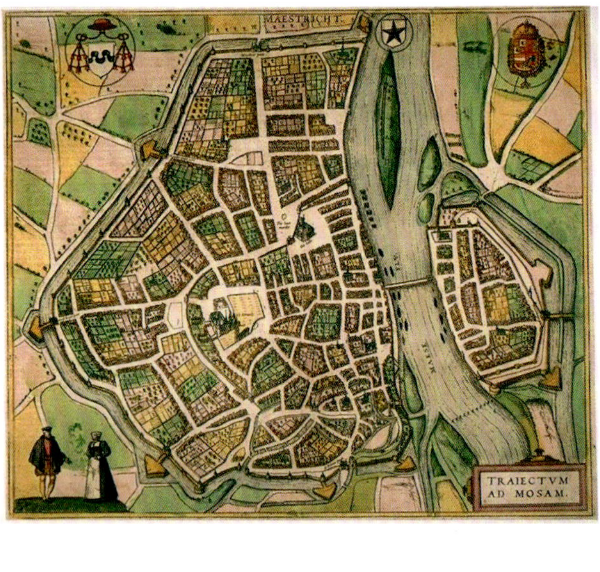

Kurzer Blick in die Stadtgeschichte

Wie alles begann

Menschliche Siedlungen im Bereich des heutigen Maastrichter Stadtteils Belvédère sind bereits für die vorgeschichtliche Zeit archäologisch gut belegt. Mit Beginn der christlichen Zeitrechnung lassen sich Legionen des Kaisers Augustus an der Maas nieder und errichten eine erste Brücke über den Fluss. In den ersten nachchristlichen Jahrhunderten ist der Ort an der „Via Agrippa" (Fernstraße zwischen Köln und der Kanalküste) zunächst ein „castellum", ein Militärstützpunkt, später auch Zivilsiedlung.

Ein Stück römischer Straße, gepflastert mit Maaskieseln, zu sehen im „Museumskeller" des Maastrichter „Derlon"-Hotels.

Der dunkle Kohlensandstein verleiht der hochmittelalterlichen Stadtmauer ein archaisches Flair.

Im 4. Jahrhundert zieht Servatius, Bischof von Tongeren, nach Maastricht. Unmittelbar nach seinem Tod setzt dort die Servatius-Verehrung ein. Maastricht wird bis zum Mittelalter zu einem der wichtigsten Wallfahrtsorte des Abendlandes.

Eine stolze Stadt

1229 erhält Maastricht vom Herzog von Brabant Stadtrechte; die erste Stadtumwallung wird angelegt. Im Jahr 1284 wird in der „Alde Caerte" die Doppelherrschaft über die Stadt festgeschrieben: Der weltliche Herrscher und der Fürstbischof von Lüttich teilen sich die Stadtregierung. Diese Regierungsform wird für Maastricht über 500 Jahre lang Bestand haben.

Im 14. Jahrhundert entsteht eine zweite Mauer für die nun um das Vierfache gewachsene Stadt. Das Handwerk blüht und die Zünfte sind mächtig.

Spielball der Mächte

Das 16. Jahrhundert und die erste Hälfte des 17. Jahrhunderts bringen der Garnisonsstadt Maastricht mit dem 80-jährigen Krieg viel Elend unter den wechselnden Herrschaften von Spaniern und den niederländischen Generalstaaten. In der zweiten Hälfte des 17. Jahrhunderts gibt es immer wieder französische Belagerungen und Eroberungen, ehe die Stadt 1678 zum Herrschaftsgebiet der Oranier zurückkehrt. Weitere Befestigungsanlagen werden errichtet. 1794 erreichen französische Revolutionstruppen die Stadt. Im Zuge der gewaltigen territorialen Neuaufteilung durch Napoleon wird Maastricht Hauptstadt des „Départements de la Meuse Inférieure“ (Niedermaas). Die Säkularisierung trifft die kirchen- und klosterreiche Stadt hart.

Das „Spaans Gouvernement“, die „Spanische Regierung“, Erinnerung an die spanischen Habsburger, die im 16. Jahrhundert die weltlichen Herrscher in Maastricht waren.

Karriere als Hauptstadt der Provinz Limburg

1815 wird Maastricht Hauptstadt der neugebildeten niederländischen Provinz Limburg.

Ein Limburg, nun schon lange verteilt auf zwei Staatsgebiete. Von 1830 bis 1839 gehörten die Limburger vorübergehend wieder zusammen. Im frisch gebildeten Staat Belgien, mit Hasselt als Hauptstadt und Tongeren als Sitz der Gerichtsbarkeit.

1830 bleibt Maastricht auch während des belgischen Aufstands bei der niederländischen Krone; das übrige Limburg, das sich in vielerlei Hinsicht von „Hollands“ Regierung unter Willem I. benachteiligt fühlt, schließt sich vorübergehend Belgien an.

1839 wird die Provinz Limburg geteilt und zerfällt endgültig in einen niederländischen und einen belgischen Teil.

Das „Bassin“, Industriehafen der Stadt im 19. Jahrhundert

Maastricht nimmt in der Zeit der Frühindustrialisierung einen rasanten wirtschaftlichen Aufschwung und avanciert zur ersten Industriestadt der Niederlande.

Im September 1944 wird Maastricht nach Krieg und vierjähriger Besetzung durch die Nazis als erste niederländische Stadt von den Amerikanern befreit.

In den Nachkriegsjahrzehnten wächst die Wirtschaftskraft der Stadt und ihre Bedeutung als kulturelle Metropole in der Region. 1976 wird Maastricht Universitätsstadt.

1992 unterzeichnen Europas Spitzenpolitiker im Regierungsgebäude der Provinz Limburg, im Maastrichter „gouvernement“, den „Vertrag von Maastricht“, u.a. Startschuss für die Einführung des Euro.

Auf der Ostseite der Maas entsteht in den 80er- und 90er-Jahren der neue Stadtteil Céramique. Nach der Jahrtausendwende werden Markt und das westliche Altstadtufer neu gestaltet.

Das „Centre Céramique“, ein Haus der Kultur und Kommunikation. Die architektonische Transparenz des Gebäudes von Architekt Jo Coenen lenkt den Blick auf die gegenüberliegende Altstadt. Symbol für Maastrichts Selbstverständnis: Modern, hier und da sogar avantgardistisch, aber nicht geschichtsvergessen.

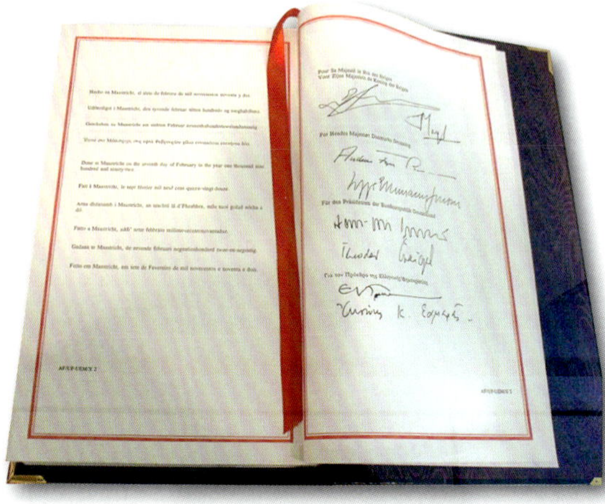

Das Original des historischen „Vertrags von Maastricht“ liegt in Rom. Im Maastrichter Gouvernement hütet man nicht nur eine Kopie des Dokuments und Fotos vom historischen Eurogipfel, sondern auch den Tisch, auf dem unterzeichnet wurde.

Maastricht ist jung. Von den rund 120.000 Einwohnern sind 11% Studenten, 3.000 davon kommen aus Deutschland.

Einst mächtig, jetzt nur noch malerisch: Das „Festungs-Dorf“ Limbourg

Um ein Haar hätte die nach der Napoleonzeit neugebildete Provinz im Süden der Niederlande „Maastricht“ geheißen. Aber König Willem I. entschied sich mit „Limburg“ für den Namen eines alten Herzogtums, dessen ruhmreiche Vergangenheit er wohl damit ein Denkmal setzen wollte. Im heutigen Belgien, knapp 10 km westlich von Eupen, gibt es dieses „Limbourg“ noch tatsächlich. Allerdings ist vom Stammsitz der Herzöge von Limburg nicht mehr viel zu sehen. Weder die im Mittelalter uneinnehmbare mittelalterliche Burg, noch die Nachfolger-Anlage aus dem 16. Jahrhundert, nicht einmal mehr das romantische Schlösschen, das man anstelle der alten Festung im vorletzten Jahrhundert errichtete und das von den Deutschen im Erste Weltkrieg zerstört wurde. Aber es gibt noch den mittelalterlichen Festungswall („les remparts“), an dem man stellenweise von außen entlangwandern kann und von dort, 80 Meter hoch über dem Tal der Vesdre (dt. Weser), herrliche Aussichten genießt.

Und es gibt - das ist die eigentliche Rarität dieses Ortes - die wunderbare Atmosphäre eines uralten Dorfes, das von seiner großen Vergangenheit zu träumen scheint. Kein Riesenangebot von Terrassencafés, keine Geschäfte stören die Ruhe und man kann sich beim Bummel über die buckligen Flusskiesel der „Grand‘-Rue“ ganz auf die schönen Häuser mit ihren malerischen und im

Sommer blumenreichen Eingängen konzentrieren. Dort, wo heute die Hausnummern 43 und 45 zu finden sind, gab es einst die „Auberge de la Croix d'Or", wo der österreichische Kaiser Joseph II. im Jahr 1781 abstieg. Im ehemaligen Rathaus, gegenüber dem Marienbrunnen ist ein kleines Museum eingerichtet, das die wildbewegte Geschichte der „Festung Limbourg" dokumentiert. Sehenswert ist auch die St. Georgskirche, die noch eine Anzahl kostbarer Schätze besitzt. Welche politische Bedeutung und welchen Glanz die alte „Cité" jahrhundertelang besessen hat, ließe sich noch besser erahnen, wenn man an der „Porte St. Martin" in Paris die lateinische Inschrift entziffern würde, in der die Einnahme der Festung Limbourg durch den großen Sonnenkönig im Jahr 1675 gerühmt wird.

ⓘ Von Eupen/Baelen kommend fährt man in Dolhain über die Weserbrücke und biegt danach gleich die 1.Straße links ab. Kleines braunes Hinweisschild: „Limbourg ville historique".

Heute nur noch idylisch – die alten Festungsmauern von Limbourg.

„Overal Prüüsse" - Maastricht und die Deutschen

Wenn zuhause die Geschäfte geschlossen sind, an Christi Himmelfahrt oder Allerheiligen, kommen sie in Scharen, die „oosterburen". Aber auch sonst bevölkern die Deutschen Maastrichts Straßen und Terrassen und genießen das „Auslandsgefühl", das sich hier sogleich einstellt. Den wenigsten Tagestouristen ist wohl dabei bewusst, wie euregional vernetzt die Stadt bereits inzwischen denkt und handelt. Wirtschaftlich und kulturell bestehen etwa mit dem Raum und der Stadt Aachen so mannigfache und enge Kooperationen, dass man den politischen Grenzen nicht mehr viel Bedeutung zumessen mag. Man stellt sich gemeinsam auf, wie es so schön heißt, für und in Europa. Und dabei spielen Maastrichts Studenten, viele davon aus Deutschland, eine wichtige Rolle.

Anna ist eine von ihnen. Sie stammt aus dem Ruhrgebiet, ist 21 Jahre jung und eingeschrieben an der „School for Business & Economics". „Ich war eigentlich ziemlich gut in Englisch auf der Schule", sagt sie, „aber hier

Zur Erinnerung an die Befreiung der Stadt 1944 durch die Amerikaner: Maastrichts Befreiungsdenkmal

musste ich am Anfang ganz schön rudern. Die Niederländer packen das einfach leichter mit der englischen Sprache." Inzwischen hat Anna auch schon Fortschritte in Niederländisch gemacht. „Süß", findet sie die Sprache und „irgendwie gemütlich".

Gute Voraussetzungen, um mit ihrer Zimmervermieterin, einer rüstigen 80-jährigen Maastrichter Dame, ab und zu ein Schwätzchen zu halten. „Aber Mevrouw S. spricht besser Deutsch als ich Niederländisch", bekennt Anna lachend, „so doll viele Möglichkeiten, Niederländisch zu üben, hat man in Maastricht sowieso nicht. Fast jeder versteht und spricht hier ja mehr oder weniger gut Deutsch". Frau S. hat Anna von der Kriegszeit erzählt und dem Tag im Mai 1940, als die Deutschen in die Stadt eindrangen. „Sie zeigte mir Fotos von der alten Brücke", erzählt Anna, „die hatten die Niederländer noch selbst gesprengt, um den deutschen Angriff aufzuhalten. Auf dem Bild sieht man, wie deutsche Soldaten in Wyck über Leitern in Boote klettern und das gegenüberliegende Maasufer erreichen." Ein mulmiges Gefühl habe sie beim Betrachten der Fotos gehabt, gesteht Anna. „Ich fühlte mich so festgenagelt auf mein Deutschsein wie noch nie zuvor in meinem Leben." Sie beeilte sich dann auch, Frau S. zu erzählen, dass ihr Großvater Sozialdemokrat und ein entschiedener Nazigegner gewesen sei, sogar mehrfach von der Gestapo vorgeladen wurde. „Es kam mir blöderweise so vor", sinniert Anna, „als müsse ich mich reinwaschen. Aber dann hat Mevrouw S. gelacht und gesagt, sie wisse doch auch, dass nicht alle Deutschen hinter Hitler gestanden haben." Dramatische Tage waren das, als die Amerikaner 1944 näher rückten und die deutschen Soldaten fluchtartig die Stadt verließen. Frau S. erinnert sich noch an viele Einzelheiten. „Alles, was Räder hatte", weiß Anna von Frau S., „wurde von den Deutschen vollgeladen mit dem, was sich Ess- und Brauchbares finden ließ. Läden wurden einfach leergeräumt. Die haben geklaut, was nicht niet- und nagelfest war", berichtet Anna. „Eine Geschichte fand ich besonders krass. Eine Frau, die im gleichen Haus wohnte wie die Familie von Frau S., war mit ihrem Baby unterwegs zu ihrer Mutter, nur ein paar Straßenzüge weiter, als an einer Ecke deutsche Soldaten auftauchten und ihr bedeuteten, sie benötigten auf der Stelle den Kinderwagen. Die Nachbarin wurde gezwungen, ihr Kind aus dem Wagen zu nehmen und mit dem weinenden Baby auf dem Arm nachhause zu laufen. Und die Großmutter hatte vor der Geburt ihres ersten Enkelkindes eine Reise bis nach 's Hertogenbosch gemacht, um diesen Kinderwagen aufzutreiben. Das war im Krieg lebensgefährlich." Nach einer kurzen Pause fährt Anna fort: „Und dann haben sie die „bevrijding" gefeiert, die Befreiung von uns, den verhassten Besatzern, die sie 4 Jahre lang unterdrückt und schikaniert hatten." Anna sagt das sehr langsam, so als lausche sie jedem Wort hinterher. „Irgendwie verrückt", sie schüttelt den Kopf, „ jetzt laufen die Deutschen durch Maastricht und hier leben noch Leute, die sich an den ganzen Horror erinnern können...". Ob sie jemals Ressentiments gespürt habe? „Nö", sagt Anna, „manchmal kommen Niederländer mit diesen Klischees vom „ordentlichen Deutschen" oder der „deutschen Pünktlichkeit" oder dass wir keinen richtigen Humor hätten. Aber wer mich kennt", lacht Anna, „merkt schnell, dass das nicht auf alle Deutschen zutrifft." Nein, als „mof" hat sie noch niemand bezeichnet, wohl aber hörte sie schon den Spruch: „In Mestreech wat süüsse? Overal Prüüsse!" (Was siehst du in Maastricht? Überall Preußen!). „Na ja", befindet Anna, „damit kann ich leben. Solange hier keiner von mir erwartet, dass ich mich für meine Staatsangehörigkeit entschuldige oder schäme."

Und dann strahlt Anna wieder: „Studieren in Maastricht, das ist echt wie ein Lottogewinn. Die Atmosphäre hier ist supercool. Für einen Studienplatztausch komme ich jedenfalls nicht in Frage ..."

„Mestreechter Geis“ – der „Spirit“ von Maastricht

Wohnen im Stadtteil „Céramique“ oder „Campagne“, einkaufen beim „Traiteur“ oder im „Entre Deux“ und abends ins „Lumière“-Kino, das klingt genauso wenig „holländisch“ wie die vielen französischen Vor- und Zunamen der Maastrichter. Die langen Anwesenheiten der Franzosen in der Stadt und die vielschichtige Verbundenheit mit dem wallonischen Raum haben deutliche Spuren hinterlassen. Noch im gesamten 19. Jahrhundert sprach man in Maastricht Französisch und erschienen die Zeitungen in der Sprache der westlichen Nachbarn.

Auch der Maastrichter Dialekt überrascht mit bisweilen französischem Klang (Nasallaute!) und jeder Menge französischer Wörtern. „Een taol, die al wie zinge klink“ - eine Sprache, die schon wie Singen klingt, so heißt es in der Maastrichter („National“)-Hymne. Manchmal sind auch rheinische Klänge unüberhörbar.

Dialektfähige Rheinländer, besonders natürlich die Nachbarn aus Aachen, können dem Zungenschlag der Maastrichter auf jeden Fall besser folgen als der Niederländer aus den nördlichen Provinzen des Königreichs. Die Sprachwissenschaftler forschen und publizieren eifrig im Bereich der Maastrichter „Muttersprache“ und auch wenn das Standardniederländisch den Dialekt inzwischen zurückzudrängen scheint, darf man optimistisch bleiben, was die Überlebensfähigkeit des „Mestreechs“ betrifft.

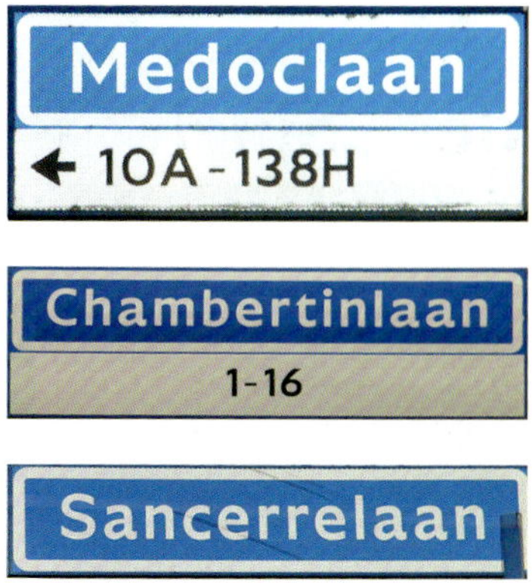

In Maastricht sind die gefühlten Kilometer bis Paris weniger als bis Amsterdam.

Dialekt-Straßennamen – in Maastricht keine nostalgische Geste wie oft anderswo, sondern „aktuell in Gebrauch“…

Der „Mestreechter Geis“ - Maastrichter Geist. Die an der Stokstraat aufgestellte Figur stammt aus einer Maastrichter Operette und stellt dar, wie der Maastrichter sich gern sieht: Heiter, charmant und lebensfroh.

Es mag daran liegen, dass Maastricht jahrhundertelang zwar von zwei Herren, aber dadurch auch immer etwas „indirekt" regiert wurde. Die Maastrichter gehörten in erster Linie von jeher sich selbst. Fast wie ein kleiner Stadtstaat. Auf dessen Vitalität man überaus stolz ist. Natürlich ist die Stadt mittlerweile längst eine loyale Tochter des Königshauses, aber nach wie vor gilt: Maastricht ist so „unholländisch" wie die gesamte Provinz Limburg. Markantes Zeichen dafür ist neben dem Dialekt auch vor allem die Landschaft, die so gar nicht dem Bild entspricht, das man gemeinhin mit den Niederlanden verbindet. Hier im Süden, am Rand von Ardennen und Eifel, gibt es passartige Straßen, mit dem „Drielandenpunt" bei Vaals den höchsten „Berg" der Niederlande (322m) und zuweilen gar eine Föhn-Wetterlage.

Und darum machen vor allem die Holländer hier so gern Urlaub, wandern im „heuvelland", im Land der Hügel, versuchen, die Sprache der Einheimischen zu enträtseln und das Genießen zu lernen. Die Beherrschung dieser Kunst nämlich nehmen die Limburger, allen voran die Maastrichter, selbstbewusst für sich in Anspruch. Sie nennen das ihre „burgundische Lebensart". Spötter fragen, was denn eigentlich das „Burgundische" daran sei und reden von einem Mythos, der sich gut verkaufen lasse. Aber das Gemeinte ist keine Erfindung des

Landschaft bei Noorbeek: Fast schon ein bisschen Mittelgebirge, aber nur wenige Kilometer von Maastricht entfernt.

Tourismus-Marketings. Das wird selbst der flüchtige Besucher merken, wenn er beispielsweise in einer Maastrichter Kneipe oder auf dem Wochenmarkt ein bisschen seine Sinne auf scharf stellt. Oder mittut bei dem, was die Maastrichter am liebsten machen: Feiern.

Etwa den **Karneval**, „vastelaovend“ genannt - was genauso klingt wie in Köln. Das jährliche Hochfest, an dem in Maastricht nichts anderes läuft als das Bier und die Musik, unterscheidet sich kaum vom rheinischen Karneval. Aber es gibt einige markante Eigenarten. Den „Zate Hermeniekesconcours“ beispielsweise, den Höhepunkt des Straßenkarnevals am Dienstag. Es handelt sich dabei um einen schrägen Blaskapellen-Wettbewerb, an dem sich ganze Familien-und Freundesgruppen beteiligen. Sie ziehen in verrückter Kleidung durch die Altstadt, spielen furchtbar falsch, aber dafür schön laut und sorgen für ausgelassene Stimmung. Am Ende finden sie sich zum Wettbewerbsfinale auf dem Vrijthof ein und bekommen alle den 1. Preis. Der Name dieser improvisierten Blaskapellen (Hermenie = Harmonie = Blaskapelle) sollte übrigens nicht zu Fehlschlüssen führen. „Zat“ ist zwar im Niederländischen derjenige, der zu tief ins Glas geschaut hat, aber bei den „Zate Hermeniekes“ ist es nur die Musik, die beschwipst klingt.

Verrückt und bunt, so laufen die „Zate Hermeniekes“ am Karnevalsdienstag durch Maastrichts Straßen. Ganzjährig anwesend auf dem Vrijthof eine „Zate Hermeniekes“-Gruppe, geschaffen vom Maastrichter Bildhauer Han van Wetering, dessen Werke an vielen Stellen der Stadt zu sehen sind.

Es versteht sich von selbst, dass eine Stadt, die sich so französisch fühlt, eine überaus hochentwickelte kulinarische Kultur besitzt. Die Gastronomieszene in Maastricht bedient verwöhnteste Ansprüche. Michelin-Sterne sind hier auf engstem Raum verteilt. Doch es gibt auch für denjenigen, der „nur“ in einem gemütlichen Ambiente lecker essen will, reiche Auswahlmöglichkeit.

Und noch ein Datum, zu notieren von demjenigen, der die Seele der Maastrichter besser verstehen will. In der für die Stadt so typischen Mischung aus volkstümlich und chic-mondän findet alljährlich am letzten Augustwochenende der „Preuvenemint" statt. Dann verwandelt sich der „Vrijthof" vier Tage lang in ein einziges großes Feinschmeckerrestaurant. Maastrichts Köche bitten unter freiem Himmel zu Tisch und lassen die Besucher ihre Kreationen "preuve" (=kosten, probieren). Und das ist ein zu feierndes Ereignis, ein „evenemi(e)nt", ein „preuvenemint" eben.

Vom Eissalon bis zur Sterneküche, von Sushi bis Maastrichter Blutwurst, für neugierige Genießer bleiben keine Wünsche offen. Gezahlt wird in spezieller „Währung", mit „Preuvenelappen"; das sind Geldersatzscheine, die nur für das Fest entworfen werden und Gültigkeit haben.

Man trifft sich, wippt mit dem Sektglas in der Hand zur Life-Musik und feiert im Schatten von Sint Servaas das gute Leben. „Lekker bourgondisch" - ein Fest ganz nach Maastrichter Geschmack.

Die Sterne vom Himmel kochen

Wer in Maastricht das ganz große kulinarische Erlebnis sucht, hat die Qual der Wahl. Gleich vier Spitzenrestaurants mit der begehrten Michelin-Weihe befinden sich vor Ort. Eines davon kann derzeit sogar mit 2 Sternen auftrumpfen.

Das ist das „Beluga", im neuen Maastrichter Stadtteil Céramique gelegen, in der „Witte Villa", gleich hinter der Fußgängerbrücke. Hier wird Essen zum kultigen „event" und verwandeln sich Lebensmittel unter der Hand von Starkoch Hans van Wolde in fulminante Kunstwerke. Das „Beluga" befindet sich „on top" nicht nur in Maastricht, sondern ist eines der besten Restaurants der Niederlande. Hans van Wolde und sein Team lassen sich beim Kunstschaffen zusehen: Man kann dinieren mit Blick auf die Zauberküche dieses exklusiven Hauses, in dem erfreulicherweise keine „Schicki-Micki"-Atmosphäre herrscht, sondern ein unkompliziert freundlicher Umgangston.

Von den weiteren drei Michelin-geadelten Restaurants in der Altstadt liegen zwei in unmittelbarer Nachbarschaft zueinander.

„Toine Hermsen" in der „St.Bernardusstraat" wird von nicht Wenigen als Maastrichts inspirierteste und beste Adresse unter den Topküchen der Stadt betrachtet. Unmöglich und nur noch eine Sache des ganz subjektiven Geschmacks, in dieser kulinarisch abgehobenen Klasse eine Rangfolge zu bilden. Auch „Toine Hermsen" lässt sich in die Töpfe gucken, auch hier sind die Weine exzellent und entspricht der Service einem Spitzenrestaurant.

Nur ein paar Häuser weiter in der „St.Bernardusstraat" stößt man auf das „Tout à Fait". Hier werden Genießer „tout à fait" auf ihre Kosten kommen. Beginnen kann man sein privates kulinarisches Fest mit dem Apéritif in einem separaten Bereich und später dann in einen der auf zwei Etagen verteilten Speiseräume wechseln. Küchen-Höchstleistungen, von den „Amuses Gueules“ bis zur Dessertkreation, sind auch in diesem Hause garantiert, von einigen Tischen aus gibt es ebenfalls den Blick ins „Allerheiligste“.

In schöner Altstadtlage am idyllischen „Ezelmarkt“ das vielleicht behaglichste von Maastrichts Nobelrestaurants: „Au Coin des Bons Enfants“. Raffiniert komponierte Menüs auch hier, mit einer Vorliebe des „Maître de Cuisine“ für Fisch und Schalentiere.

Und dann strahlt der Stern nach wie vor über „Château Neerkanne“, dem prachtvollen Terrassenschloss vor den Toren der Stadt im lieblichen Jekertal. „Balkon van Nederland“ nennt man sich dort selbstbewusst. Hier wurde der Tisch schon für besonders viel Prominenz gedeckt. Von Indira Ghandi bis Georges Moustaki, von Zar Peter dem Großen bis zu Europas Spitzenpolitikern bei den Eurogipfeln 1981 und 1991.

Die opulent restaurierten barocken Terrassengärten, ein eigener Weinberg - all das legt die Messlatte hoch für das, was man sich hier von Küche und Keller verspricht. Hans Snijders, Chef de Cuisine und Inspirator einer jungen, passionierten Küchenbrigade, enttäuscht diese Erwartungen nicht. Speisen auf „Château Neerkanne“, das ist der Genuss eines Gesamtkunstwerks.

Der Grotten-Weinkeller von „Château Neerkanne“

Holländischer Wein

Zugegeben, es klingt zunächst ein bisschen wie „norwegische Apfelsinen". Aber ein Blick auf Maastrichter Weinkarten oder Flaschenregale zeigt: Es gibt ihn wirklich, den Müller-Thurgau oder Riesling aus einheimischen Trauben. Übrigens betrieben schon die Römer Weinanbau im südlichen Limburg. Eigentlich auch nicht weiter erstaunlich. Schließlich unterscheidet sich die sanfte südlimburgische Hügellandschaft mit ihrem mineralhaltigen Boden und den vielen Sonnenstunden bei relativ wenig Niederschlag nicht wesentlich von den berühmten Weinbaugebieten Burgunds. Und so treffen wir auch unweit von Maastrichts Zentrum auf echte Weinberge, im Jekertal, dem ältesten niederländischen Weinbaugebiet.

Weingut Apostelhoeve auf dem Louwberg hoch über dem Jekertal. Hier werden durchschnittlich 30.000 Flaschen jährlich abgefüllt.

Die katholische Stadt an der Maas begeht auch den Namenstag ihres Stadtpatrons Servatius nicht nur hinter Kirchenmauern. „Sint Servaas“ wird am 1. Sonntag nach dem 15. Mai mit einer großen Stadtprozession geehrt und auf dem Vrijthof geht auf der „Servaaskermis“ eine Woche lang die Post ab.

Aber auch in der Vorweihnachtszeit dreht sich hier das Riesenrad. Ein Mix aus deutscher Weihnachtsbesinnlichkeit und holländischer Kirmesfröhlichkeit mit Poffertjes und Fritten. Hauptattraktion ist dann vor allem die große Eisbahn, Schlittschuhvergnügen im Herzen der Stadt.

Neben Maastrichts Volksfesten prägen die jährlichen Toptermine der Kunst-und Musikszene das Kulturleben der Stadt. Allen voran die TEFAF (*T*he *E*uropean *F*ine *A*rt *F*oundation). Die 1975 gegründete und jeweils im März stattfindende weltweit führende Kunst- und Antiquitätenmesse macht Maastricht dann vorübergehend zur Hauptstadt der internationalen Kunstwelt. Künstler, Kunsthändler und -kritiker, Museumsdirektoren, alles, was in der Kunstszene Rang und Namen hat, pilgert in dieser Zeit ins „MECC“ (*M*aastrichts *E*xhibition & *C*ongres *C*enter). Aber natürlich auch Kunstliebhaber aus der ganzen Welt. An die 80.000 Besucher zählt die Kunst-und Antiquitätenbörse pro Jahr. Das sonst eher nüchterne MECC-Zentrum erscheint zur TEFAF als Ort, in dem nichts als das Schöne wohnt. Raffinierte Design-Elemente, Blumen, Wasser- und Lichteffekte schaffen den Tausenden von großen und kleinen Ausstellungs-

Impressionen vom alljährlichen festlichen Umzug zum Namensfest des Hl. Servatius.

stücken ein prachtvolles Ambiente. Der Reiz für den Besucher besteht vor allem darin, dass er hier, so er über die nötige Kaufkraft verfügt, alles erwerben kann, den alten Meister der Brueghelschule bis zu einem Gerhard Richter, den barocken Sessel wie die ägyptische Vase. Experten geben an Ort und Stelle Auskunft über Echtheit und Wert des Exponats.

Klar, dass diese Konzentration von Schönem Maastricht herausfordert, anlässlich der TEFAF kulturell reich aufzutischen. Ein eigenes Festival, das „tijdenstefaf festival", wurde ins Leben gerufen. Theater und Konzert, Oper und Ballett sowie die „Jazz Maastricht Masters" werben (auch) um die TEFAF-Besucher. Mehr als nur ein Rahmenprogramm.

Und schließlich gibt es noch ein Festival, auf dessen künstlerische Qualität und internationale Ausstrahlung man in Maastricht besonders stolz ist, die „Musica Sacra" im September eines jeden Jahres. Musik vom Mittelalter bis zur Gegenwart, hochkarätige

Konzerte in historischen Gebäuden. Mittlerweile hat man den Begriff „Sakralmusik" weiter gefasst und auch andere Medien wie Film und Theater in das Festivalprogramm integriert.

Maastrichts Veranstaltungsagenda ist ganzjährig prall gefüllt und kann sich im Vergleich mit Nachbarstädten wie Aachen oder Lüttich selbstbewusst behaupten. Für die deutschen und belgischen Grenzländer lohnt es sich jedenfalls sehr, in Maastricht nicht nur auf Einkaufstour zu gehen.

„Mestreechter Geis“ - exportiert in die ganze Welt

Es soll immer noch Menschen geben, die ihn ob seines Namens für einen Franzosen halten. Nun, Johann Strauß und Schloss Schönbrunn stellen ja auch nicht unbedingt einen direkten Bezug zur Maas her… Und doch ist der weltbekannte Unterhaltungsvirtuose André Rieu ein echtes Kind seiner Geburtsstadt Maastricht. Er wohnt mit Blick auf die Maas und natürlich romantisch, in einem neogotischen Schlösschen.

Im Sommer sind seine Konzerte auf Maastrichts „Vrijthof“ legendär. Heimspiele für Rieu und die Maastrichter feiern dann enthusiastisch den derzeit wohl berühmtesten Einwohner ihrer Stadt.

1949 wurde André Rieu als Sohn einer Maastrichter Musikerfamilie geboren. Der Vater, André Rieu senior, leitete dort über 30 Jahre das „LSO“, das „Limburgs Symfonie Orkest“, war übrigens auch einmal als Dirigent an der Leipziger Oper tätig. André junior absolvierte in Maastricht, Lüttich und Brüssel ein Violinstudium und spielte jahrelang im heimischen Orchester unter dem Dirigat seines Vaters. 1978 begann er, seine eigenen musikalischen Wege zu gehen und die führten ihn weg vom offiziellen Konzertbetrieb. Zu steif, zu ernst erschien ihm das alles. Erste Konsequenz dieser post-pubertären Revolte, die dann ja noch buchstäblich weltbewegende Folgen haben sollte, war die Gründung eines fünfköpfigen Salonorchesters, mit dem Rieu durch die angrenzenden Regionen tourte. Sein Schulfreund, der Hotelier Camille Oostwegel, erinnert sich, wie Rieu bei ihm auf „Kasteel Erenstein“ anfragte, ob er zur Unterhaltung der Gäste mit seiner Truppe aufspielen könne. „Ich hab den Preis damals mächtig heruntergehandelt“, amüsiert Oostwegel sich im Rückblick. Ein Foto von damals zeigt die „Salonmusiker“ mit Frack und weißer Fliege – und sie schauen übrigens ganz ernst drein... Viele Walzer später spielt Rieu eine echte Stradivari und hat ein Musik-und Medienimperium geschaffen, das seinesgleichen sucht. Fans rund um den Globus sorgen für ausverkaufte Konzerttourneen und schwindelerregende Verkaufszahlen der Alben und DVD’s. Ein Blick auf Rieu’s Internetseiten - dort wird auch Maastricht ins Bild gebracht - macht deutlich, wie genial das „Produkt Rieu“

vermarktet wird. Neuester Verkaufshit ist ein Kinderbuch aus der Feder von Rieu's Frau, die Geschichte zweier Mädchen, die ihren Schwarm eine Weile „backstage" begleiten dürfen.

Rieu's Konzerte mit Schloss Schönbrunn-Kulisse und Sissi-Kutsche sind perfekt inszenierte Bühnenshows. Rieu's Begeisterung für das, was er tut, ist hingegen immer echt. Und Musik, so wie er sie kommuniziert, schafft diese emotionalen Gemeinschaftserlebnisse, die so vielen Menschen gefallen. Kollektives Singen, Schunkeln und Klatschen, Lachen und Weinen. Ein paar Stunden die Alltagssorgen vergessen und die Leichtigkeit des Seins an sich heranlassen. Ganz im Sinne der Operetten-Philosophie „Glücklich ist, wer vergisst, was doch nicht zu ändern ist". Wer könnte eine solche Botschaft besser transportieren als ein geborener Maastrichter?!

„Alles an Maastricht ist schön“

André Rieu über seinen „Heimathafen“

Herr Rieu, es soll Leute geben, die kommen nur nach Maastricht, weil sie die Stadt sehen wollen, aus der André Rieu stammt und wo er noch immer lebt. Vielleicht hoffen sie auch, Ihnen mal in der „Groten Staat“ oder auf dem „Vrijthof“ über den Weg zu laufen. Haben die Leute da Chancen? Können Sie sich überhaupt noch in Maastricht bewegen, ohne dass es für Sie lästig wird?

Rieu: Das ist nun gerade das Schöne an Maastricht. Ich kann ganz einfach ich selbst sein in meiner Stadt. Ich geh ganz normal zum Bäcker. Die Leute erkennen mich, grüßen freundlich oder rufen mir was Nettes zu und gehen dann ihrer Wege. Es herrscht eine sehr entspannte Atmosphäre in Maastricht. Das ist echt mein Zuhause.

Welche Beziehung haben Sie zu Ihrer Geburtsstadt und welche Gefühle, wenn Sie von einer langen Tournee wieder nach Hause kommen?

Rieu: Ich bin in Maastricht geboren und aufgewachsen. Leute fragen mich oft, warum ich nicht in London, New York oder Paris wohne. Nun, das sind alles phantastische Städte, aber jeder Mensch hat einen

Heimathafen („een thuisbasis“) nötig, vor allem, wenn er so oft auf Reisen ist wie wir. In Maastricht komme ich zur Ruhe und es gibt nichts Schöneres als nach einer langen Tour gemütlich in meinem Garten zu sitzen, zusammen mit meiner Frau, und den Gesang der Vögel zu genießen und den Schmetterlingen zuzusehen.

In welchem Stadtviertel haben Sie Ihre Kindheit verbracht? Welche persönlichen Erinnerungen verbinden Sie mit einzelnen Punkten in der Stadt?

Rieu: Ich habe jahrelang die Aloysiusschule besucht (frühere Klosterschule, heute „Basisschool“ in der Brusselsestraat zwischen Vrijthof und Kommel, Anm. d.Verf.); außerdem war ich Messdiener in der Sint-Servaaskirche. Im Übrigen habe ich viel Zeit in meinem Zimmer zugebracht und Geige geübt. Zum Glück hatte ich eine blonde 18 jährige Lehrerin, in die ich mich sofort verliebte. Die anderen Kinder habe ich immer gefragt, welches Instrument sie spielten, weil ich davon ausging, dass alle Kinder das täten.

Welche „highlights“, die man nicht verpassen sollte, würden Sie dem Besucher von Maastricht empfehlen?

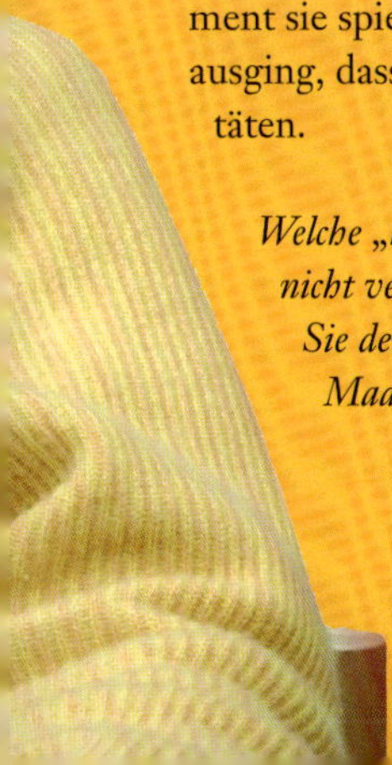

Rieu: Alles an Maastricht ist schön. Die „Helpoort“, der „Vrijthof“, der „Onze-Lieve-Vrouwe Plein“, die St. Servaaskirche … Und der Sint Pietersberg! Von dort hat man einen prachtvollen Blick auf die Stadt. Und nicht zu vergessen die vielen gemütlichen Cafés rund um den „Vrijthof“. Dort gehe ich immer mal gern auf einen Kaffee ins älteste Café von Maastricht, den „Vogelstruys“.

Wie hoch ist nach Ihrer Einschätzung der Bekanntheitsgrad von Maastricht in der Welt? Fühlen Sie sich auch ein bisschen als Botschafter dieser Stadt?

Rieu: Ich betrachte mich absolut als Botschafter meiner Stadt. Und ich erzähle seit Jahren mit Stolz in all meinen Konzerten rund um die Welt, wo ich herkomme.

Gibt es etwas Besonderes am deutschen Publikum? Und spüren Sie vielleicht einen Ost-West-Unterschied?

Rieu: Nein, da gibt es keinen Unterschied. Das ist ja das Tolle an der Musik. Musik hat keine Sprache nötig und kennt keine Grenzen. Du musst einfach nur dein Gefühl sprechen lassen und das Schöne ist, dass das beinahe jeder auf die gleiche Weise tut.

Stadtplanauszug Jekerviertel

1	Onze LieveVrouw-Basilika	4	ältester Stadtmauerteil am Lang Grachtje
2	Helpoort	5	„Huis op den Jeker“
3	Faliezusterklooster und Pater Vinck-Turm	6	Naturhistorisches Museum

Wanderroute durch Maastricht

Egal, wo Sie den Schwerpunkt Ihres Maastrichtbesuchs legen wollen: Der im folgenden beschriebene Rundgang von ca. 3 Stunden (ohne Verweilzeit) führt Sie zu den schönsten und interessantesten Orten in der Stadt und will Ihnen Orientierung und Ideen geben für das, was Sie vielleicht im Anschluss an diese erste Runde durch Maastricht tun bzw. vertiefen möchten. Um die Route nicht zu einer Tageswanderung zu machen, wurden einige besuchenswerte Punkte aus dem Rundgang ausgegliedert. Je nach Interesse, Wetter oder persönlicher Kondition können Sie den Hinweisen zu diesen weiteren Sehenswürdigkeiten („Routenvarianten“) nachgehen und Ihren Stadtspaziergang verlängern oder variieren.

Die ideale „location“ für romantische Stunden: Maastrichts Jekerquartier

Gastronomische Tipps und solche für Kauflustige sind in die Routenbeschreibung integriert und somit für Sie an Ort und Stelle verfügbar.

Unser Rundgang führt zunächst ins Jekerquartier. Die Jeker, das ist das kleine Flüsschen, das in vielen Verzweigungen diesen Stadtteil umspielt, immer wieder verschwindet und neu auftaucht zwischen und hinter den Häusern. Und so eine fast venezianisch anmutende morbide Romantik schafft.

Stilvoll

Trotz der schrecklichen Kriege und Entbehrungen blühte wie überall im Maasland im 17. Jahrhundert auch in Maastricht die Baukunst und schuf den Stil der sogenannten Maasländischen Renaissance. Zunächst waren es Schlösser der Adligen, die in dieser Bauweise errichtet wurden. Später und bis hinein ins 18. Jahrhundert leisteten sich auch wohlhabende Bürger Wohnhäuser in dem charakteristischen Maaslandstil. Er besticht durch klare, horizontale Linienführung und die kunstvolle Kombination unterschiedlicher Baumaterialien.

Typisch ist die „Specklagen“ - Technik, bei der horizontal verlaufende Schichten von hellem Sandstein („Mergel“) zwischen den gebrannten dunklen Klinkern das Mauerwerk „gestreift“ aussehen lassen und zum Vergleich mit dem durchwachsenen Speck geführt haben. Für die Einfassung der Türen und großen Kreuzfenster wurde gern der teure Hart- oder Blaustein verwendet, der „Naamse Steen“, Stein aus Namur.

Im Jekerviertel zeugen nicht nur die Stadtmauern von Maastrichts glorreicher Vergangenheit als Festungsstadt, hier stehen auch besonders schöne Häuser, viele davon sind Musterbeispiele für den Baustil der Maasländischen Renaissance.

Auf den gepflasterten Straßen und in den Gässchen entlang der Stadtmauer begegnet man im Jekerviertel meist mehr Studenten als Touristen. 13.000 junge Leute sind derzeit an den Maastrichter Hochschulen eingeschrieben, 3.000 davon kommen aus Deutschland. Die frankophilen Maastrichter sprechen gern augenzwinkernd von ihrem „Quartier Latin". Neben den zahlreichen Hochschulinstituten sind im Jekerquartier auch die (angehenden) Künstler zuhause. Konservatorium, Schauspielschule und Kunstakademie vereint auf engstem Raum lassen es nicht langweilig werden in der Altstadt. Die vielen stilvollen Kneipen tun ein übriges, um hier eine urgemütliche Atmosphäre zu schaffen. Und man ahnt: Hier zu studieren, das muss selbst in Zeiten von Studiengebühren und düsteren Arbeitsmarktprognosen wunderschön sein.

Maastricht besitzt prächtige große Plätze; mit dem neuen „Plein 1992" auf der Ostseite der Maas sind es nun vier. Der stimmungsvollste ist zweifellos der „ Onze-Lieve-Vrouwe-Plein" zu Füßen der gleichnamigen Basilika.

Hier beginnt unser Rundgang und hier hat alles begonnen mit Maastrichts Stadtentwicklung. Denn wir stehen ziemlich präzis auf dem Boden des römischen Kastells, nahe der ersten Maasüberquerung. Der Museumskeller im Hotel „Derlon" an der Ostseite des Platzes zeigt Funde aus drei Jahrhunderten römischer Zeit. Das Besondere dieser archäologischen Stätte: Man befindet sich

Die Basilika „Onze-Lieve-Vrouw"

nicht nur buchstäblich auf römischem Boden, sondern kann die Ausgrabungen dort betrachten, wo sie freigelegt wurden.

Der „Onze-Lieve-Vrouwe-Plein“ ist so ein bisschen das Wohnzimmer der Maastrichter. Ein fast schon intimer Ort. Auch wenn in der warmen Jahreszeit die Terrassen unter den Bäumen von vielen Touristen bevölkert werden. Dann ist hier besonders intensiv das südeuropäische Flair zu erleben, das Maastrichter Sommertage (und -abende!) verströmen können.

Wenn man sich in Maastricht verabredet, dann vorzugsweise auf diesem Platz. Und wer noch ein bisschen Zeit übrig hat oder von Sorgen geplagt ist, macht vielleicht noch schnell einen Sprung in die Kapelle, die der „Onze-Lieve-Vrouwe“-Basilika vorgelagert ist und zündet bei „Maria, Sterre der Zee“ (Maria Meeresstern) eine Kerze an.

Schräg gegenüber der Terrasse des „Comedie“-Cafés findet sich über dem Tor der alten Wollwaage ein besonders markanter Giebelstein. Das Chronogramm von 1721 mit dem hoffnungsvollen Spruch „Hoc pondere cuique suum“ („Beim Wiegen erhält jeder das Seine“) wird eingerahmt von den Wappen der beiden Stadtobrigkeiten. Links das Zeichen des Lütticher Bischofs, rechts das der niederländischen Generalstaaten.

Gastro-Tipps

- **Restaurant Zes im Hotel Derlon**
  Onze-Lieve-Vrouwe-Plein
  In der Lounge kann man sich auch nur zu Kaffee und Kuchen niederlassen.

- **De Comedie**
  Onze-Lieve-Vrouwe-Plein
  Sehr beliebt, Terrasse mit schönem Blick

- **La Ville**
  Onze-Lieve-Vrouwe-Plein
  Exzellente französische Küche

- **La Bonbonnière**
  Achter de Comedie
  Grand-Café im ehemaligen Stadttheater, Raum mit hoher Stuckdecke und Kristalllüstern. Nostalgisch-prächtig. Kulinarisch sehr ordentlich

- **’T Kläöske**
  Plankstraat 20
  Kulinarisch ambitioniert

- **Toine Hermsen**
  St. Bernardusstraat 2-4
  Restaurant mit Michelin-Stern

- **Tout à Fait**
  St. Bernardusstraat 16-18
  Ebenfalls mit Michelin-Stern ausgezeichnet

Besonders familienfreundlich

- **Witloof**
  St. Bernardusstraat 12
  Belgisch-kultig, vergnüglich-gemütlich. Prima Hausmannskost

- **Beluga Nxt Door**
  Koestraat 2-6
  Preisgünstige und kinderfreundliche Dépendance des sternengekrönten Beluga auf der anderen Maasseite

„Ein feste Burg ist unser Gott …“

Suchte jemand nach dem passenden Bild für diesen Bach-Choral, dann lieferte die Maastrichter Basilika „Unserer Lieben Frau“ das geeignete Motiv. Die hoch aufragende Mauer aus dem archaisch wirkenden Kohlensandstein, das Westwerk, lässt alles in der näheren Umgebung zwergenhaft aussehen und eher an Festungsbau als an Kirchenarchitektur denken.

Die Basilika steht auf römischem Boden. Man vermutet, dass ungefähr an ihrer Stelle im Zentrum des „Castrum Romanum “, ein Tempel existierte. Mauerreste des Römerkastells befinden sich unter der Kirche. In frühchristlicher Zeit gab es eine Vorgängerkirche, Residenz von 21 Maastrichter Bischöfen, darunter die Heiligen Lambertus und Hubertus. Der Bischofssitz wurde später nach Lüttich verlegt (seit 1853 gehört Maastricht zum Bistum Roermond).

Baubeginn der heutigen Kirche erfolgte um das Jahr 1000. Vom Mittelalter bis zur Säkularisation (1794) war die Kirche Kapitelkirche, Zentrum einer religiösen Gemeinschaft von Kanonikern, daher der Kreuzgang.

Seit dem 14. Jahrhundert existierte auf dem Platz, dort, wo man heute in die Plankstraat abbiegt, ein weiterer Kirchenbau, eine Pfarrkirche.

„Unsere Liebe Frau, Meeresstern“: Maastrichter Schiffsleute gaben der Madonna aus dem 15. Jahrhundert ihren Namen. Die Tür zur Gnadenkapelle steht immer offen und die vielen brennenden Kerzen machen deutlich, wie sehr „Slevrouwe“ bis auf den heutigen Tag „Anlaufstelle“ für viele Menschen ist.

Sie wurde 1837 wegen Baufälligkeit abgebrochen und „Onze-Lieve-Vrouw“ tat nun Dienst als Pfarrkirche. Die Reliquien und das Gnadenbild „Onze Lieve Vrouw Sterre der Zee“ kehrten zurück.

1933 kam Onze-Lieve-Vrouw, die älteste Kirche der Niederlande, in den Rang einer „basilica minor“.

Links vor dem Chorraum befindet sich ein Münzautomat. Durch Einwurf von 50 Cent kann man die Beleuchtung des Chors aktivieren. Die Doppelgalerie wird deutlicher sichtbar. Dem Betrachter im Kirchenschiff verborgen bleiben die vergoldeten Säulenkapitele, Meisterwerke romanischer Bildhauerkunst; sie zeigen lebendige Szenen aus dem Alten Testament.

Verdient besondere Aufmerksamkeit:

- Spätromanischer Chorraum mit Doppelgalerie und Empore, reich verzierte Säulenkapitelle
- Barocke Severin-Orgel (1652) mit bemalten Flügeltüren
- Mittelalterliche Säulenmalereien. Südseite: Hl. Katharina, Kanzelpfeiler: Hl. Christophorus
- Arbeiten des Bildhauers Jan van Steffenswert: Hl. Christophorus am Kircheneingang, Anna Selbdritt-Darstellung an einem Pfeiler im Chorraum
- Schatzkammer, Kreuzgang und Krypta

Mittelalterliches Steinrelief in der Eingangskapelle von Onze-Lieve-Vrouw mit der Darstellung eines Vasallen, der kniend vor seinem Herrn den Lehnseid ablegt.

Die älteste, noch aktive Wassermühle der Niederlande: die „Bischopsmolen"

Wir verlassen den „Onze-Lieve-Vrouwe-Plein" an seiner leicht abschüssigen südlichen Seite, passieren ein dekoratives neogotisches Haus auf der rechten Seite und gehen geradeaus in die „Koestraat". Das Gebäude, auf das wir zugehen, ist die „Bischopsmolen", die an der „Stenen Brug" liegt. Eine Mühle in der Häuserzeile. Und der für den Mühlenbetrieb notwendige Wasserlauf verbirgt sich unter und hinter den Stadthäusern.

Die Tür steht – außer montags – den ganzen Tag offen und man gelangt durch das Mühlenhaus wieder ins Freie und kann einen Blick auf das uralte Rad dieser Wassermühle werfen. Obschon noch älter erscheint die Bischofs-

Gastro-Tipp

„Limburgse Vlaai" – im Land der Obstgärten der Kuchen schlechthin. Egal, ob mit Aprikosen, Kirschen oder Milchreis gefüllt , sie sind alle unwiderstehlich köstlich. Gleich neben dem Wasserrad der „Bischopsmolen" kann man in der Bäckerei die Obstfladen auswählen, kaufen oder sie sich nebenan in der rustikalen Stube schmecken lassen. Man is(s)t hier buchstäblich nahe an der

Produktion. Auch die backstubenwarmen Brote sind verlockend. Alles wird nach alter Handwerkskunst und unter Verwendung ausschließlich regionaler Zutaten hergestellt. Brotrezepte sind erhältlich, die Bäcker lassen sich (nach Anmeldung) bei ihrer Arbeit über die Schulter schauen und Kinder können sogar selbst mahlen und backen.

mühle im 11. Jahrhundert im Besitz von Gottfried von Bouillon. Der lothringische Herzog verpfändet die Mühle (wie sein gesamtes Herzogtum!) an den Bischof von Lüttich, als er Geld für einen Kreuzzug braucht. Später, im 15. Jahrhundert, ist die Maastrichter Bierbrauerzunft im Besitz der Bischofsmühle, die nach einem Brand 1577 neu und in Stein erbaut wird. Noch heute fungiert sie als Getreidemühle und ist die älteste, noch aktive Wassermühle der Niederlande. Wir wenden uns nun nach links in die „Ridderstraat“, gehen hinter dem Reichsarchiv her (ehemaliges Franziskanerkloster), „Achter de Oude Minderbroeders“ heißt es hier, und folgen der „St. Bernardusstraat“ in Richtung „Helpoort“, dem einzigen, noch erhaltenen Stadttor von Maastricht.

Die übrigen fielen, wie weitere Teile der Stadtbefestigung, dem Modernisierungseifer des 19. Jahrhunderts zum Opfer, als man die Stadt buchstäblich aufsprengte, um Platz zu bekommen für neue Straßengürtel (die „Singels“) und Wohnviertel (z.B. den „Villapark“).

Rezept „Limburgse vlaai“

Zutaten:

- 250 g Mehl
- eine walnussgroße Menge Hefe
- 25 g Butter oder Margarine
- 1 EL Zucker
- 1 Tasse Milch

Zubereitung:

Milch erwärmen (lauwarm). Milch, Butter, Zucker und Hefe in eine Schüssel geben, das Mehl untermischen, bis dass der Teig sich etwas trocken anfühlt. Dann den Teig aus der Schüssel auf eine Arbeitsplatte geben und mit soviel Mehl durchkneten, bis man ihn zu einem Ball formen kann, der keine Risse bildet. Den Teig 45 Minuten gehen lassen. Danach den Teigball entsprechend der Größe des Backblechs ausrollen und mit Früchten nach Wunsch belegen.

Backzeit im vorgeheizten Ofen: ca. 20 Min. bei 200°C

Nach dem Backen den Kuchen auf einem Gitter abkühlen lassen.

Wenn man am Tor die Treppe hinaufsteigt, tritt man auf den „Onze Lieve Vrouwe-Wal“, Teil der ersten Stadtmauer, die Maastricht auf Geheiß des brabantischen Herzogs 1229 baute. Heute eine ganz besondere Wohnadresse mit Blick von der mittelalterlichen Mauer hinunter auf die Maas und die martialisch in Position gerückten Kanonenrohre.

Das „Faliezusterklooster“, eines von Maastrichts bildschönen Postkartenmotiven. „Falie“ kommt vom frz. „voile“ (dt. Schleier) und verweist auf die Ordenstracht der hier einst ansässigen Nonnen.

Wir steigen wieder hinab, gehen durch die „Helpoort“ nach rechts und erreichen nach wenigen Schritten ein besonders idyllisches Ensemble von historischen Bauten in einer Parkanlage.

Die „Helpoort“ von 1229, ältestes Stadttor der Niederlande. Bereits um 1520 verlor es seine Stadttorfunktion, als Maastricht eine zweite Umwallung erhielt.

Hier verbindet sich die alte, erste Stadtumwallung mit Resten der jüngeren Befestigungsmauer. Und was heute so romantisch und malerisch wirkt, war Schauplatz grausiger Ereignisse in Maastrichts blutiger Stadtgeschichte, wie etwa der „Pater Vinck“-Turm, benannt nach einem mutmaßlichen Verräter im 80-jährigen Krieg, der hier enthauptet wurde.

Wir folgen der „Begijnenstraat“ nach rechts, überqueren die „St. Pieterstraat“ und gehen geradeaus in die kleine Gasse an der Stadtmauer, die „Lang Grachtje“ heißt. Der Name erinnert an den früher hier verlaufenden Stadtgraben.

Gastro-Tipps

Café Sjiek
St. Pieterstraat 13
Kleine Eckkneipe mit Kultstatus und limburgischen Spezialitäten. Dazugehörig der Delikatessenladen nebenan „De Sjieke Winkel“.

Petit Bonheur
Achter de Molens 2
Französisch-mediterrane Küche, schönes Ambiente

Café De Tribunal
Tongerse Straat 1
Viel besucht von Studenten und Hochschulangehörigen. Gemütlich und ideal für eine Stärkung

Weinrestaurant „Mes Amis“
Tongerse Straat 5
Besonderheit: 20 verschiedene Weinsorten, die auch glasweise bestellt werden können. Reichhaltige, auch vegetarische Menukarte

„Au coin des Bons Enfants“
Ezelmarkt 4
Spitzenrestaurant mit Michelin-Stern

Einkaufstipp

Adriaan de Smaakmaker
St. Pieterstraat 36
Wie beim Gewürzhändler anno dazumal. Selbsthergestellte Delikatessen, von Essig bis Konfitüre. Maastrichter Senf, Soßen, Dressings, Chutneys – und alles ohne Zusatzstoffe.

Strasse für Stille-Geniesser

Die „Grote Looierstraat". Eine von Maastrichts ruhigeren, vielleicht stimmungsvollsten Straßen. Hier übten einst die „Looier", die Gerber, ihr Handwerk aus, neben den Tuchmachern eine der wichtigsten Zünfte in der mittelalterlichen Stadt. Wo heute die alten Linden stehen, floss damals ein Jeker-Arm und machte die Straße zur „Gracht".

Der freundliche ältere Herr in Bronze am Ende der Straße ist übrigens der Maastrichter Dialektdichter Alfons Olterdissen, der 1910 zusammen mit seinem Bruder eine Komische Oper schuf, ein Werk mit viel Maastrichter Lokalkolorit und einem Schlusscouplet, das zur Maastrichter Stadthymne avancierte. Eine Liebeserklärung an Maastricht, pathetisch, patriotisch, zu Herzen gehend.

Entlang der alten Stadtmauer spazieren wir bis zu dem kleinen Platz, wo wir uns halbrechts halten, „Achter de Molens“ heißt die Straße, und dann nach links abbiegen, wieder auf die Stadtmauer treffen und dem „Klein Grachtje“ folgen, das später in die „Verwerhoek“ mündet.

Nun ist Jekeraltstadt-Flair in konzentrierter Form zu genießen. Wir treffen auf die „Lenculenstraat“ und biegen nach links ab.

Beherrschendes Gebäude ist hier das „Gereformeerd Weeshuis“, ein von einem protestantischen Pfarrer 1639 gestiftetes Waisenhaus, das später noch erweitert wurde, heute Sitz der „Toneelacademie“, der Hochschule für Darstellende Kunst.

Ein paar Schritte weiter nach links und wir stehen auf dem „Ezelmarkt“, einem leicht abschüssigen, langgestreckten Platz. Der Name des hier gelegenen ehemaligen Klosters „Bonnefanten“ war der der aus Lüttich stammenden Nonnen, der „Sœurs des Bons Enfants“, die 1710 nach Maastricht kamen und sich der Arbeit mit Kindern widmeten. Später brachte die Stadt hier eine zeitlang ihr Museum unter. Das heutige „Bonnefantenmuseum“ auf der anderen Maasseite trägt die Erinnerung daran in seinem Namen. Hinter der Fassade der einstigen Klosterkirche findet sich nunmehr die Universitätsbibliothek. Wir folgen der „Bonnefantenstraat“ und gelangen an einen Punkt der Stadt, den viele als Highlight von Maastrichts Altstadt bezeichnen. Die Jeker hat sich hier wieder sichtbar gemacht und lässt so das Brückenhaus, das „Huis op den Jeker“, in seiner Bauweise im Stil der Maasland-Renaissance prächtig zur Geltung kommen.

Reizvoll der Blick (noch besser, wenn man die Treppe gegenüber dem Haus hochsteigt) auf das gegenüberliegende Naturhistorische Museum mit seiner Gartenanlage. Man erkennt, dass ein Teil des modernen Konservatoriums ebenfalls über die Jeker gebaut wurde.

Eines der schönsten alten Häuser in Maastricht, das „Huis op den Jeker“.

Routenvariante 1

Routenvariante 1

Kleiner Ausflug ins Grüne

Man kann gegenüber der Eingangsseite des Konservatoriums, dort, wo die Jeker geräuschvoll in die Stadt hineinströmt, in die „Heksenstraat“ abbiegen, vorbei am Atelier eines Künstlers und durch das pittoreske „Heksenpoortje“ auf die Stadtmauer hochsteigen. Es handelt sich hier um die jüngere, zweite Maueranlage, die im 14. Jahrhundert gebaut wurde. Im Sommer genießen die Studenten auf den Wiesen die Sonnenstrahlen, das Hauptgebäude der Universität befindet sich im unweit gelegenen ehemaligen Jesuitenkloster. Der aussichtsreiche „Höhenspaziergang“ zwischen duftenden Blumen und gesäumt von Ausruhbänken endet an der „Nieuwenhofstraat“. Wenn man noch eine Weile im Grünen bleiben möchte, kann man nun nach rechts in den „Aldenhofpark“ gehen oder man setzt seine Wanderung auf der gegenüberliegenden Straßenseite im „Henri-Hermans-Park“ fort. Bei den großen Weihern an der „St. Pieterskade“ hat man gute Sicht auf die jüngsten Teile der Stadtbefestigung von 1516 und ihre mächtigen Bastione. „De 5 Koppen“ heißt das eine in Anspielung auf die fünf Stadtverräter, deren abgeschlagene Köpfe man 1638 an dieser Stelle zeigte, „Hass und Neid“ ist der Name des zweiten Bollwerks und damit waren die Gefühle der Angreifer gemeint. Von den „5 Koppen“ führt der Weg zurück durch die „Helpoort“ über die „St. Bernardusstraat“ zum „Onze-Lieve-Vrouwe-Plein“.

Dem Feind ein ehrendes Gedenken

Maastricht und der Musketier des Sonnenkönigs

Einer der berühmten Musketiere von Ludwig XIV., Graf d'Artagnan. Unweit der Stelle, wo er im Kampf um Maastricht sein Leben ließ, am Rande des Aldenhofparks und gegenüber vom Tongerse Plein, steht sein Denkmal.

Sollte man hier auf das Grab stoßen, bitte er um Bescheid, er werde sich dann wieder nach Maastricht begeben. Also sprach Michail Gorbatschow bei seinem Besuch vor einigen Jahren in Limburg. Die Rede war von Graf d'Artagnan, einem der Musketiere von König Ludwig XIV. und bekannt geworden als Figur im Roman von Alexandre Dumas. Der russische Ex-Präsident war hellhörig geworden, als er erfuhr, dass der Held seiner geliebten Lektüre bei Maastricht sein Leben ließ und die sterblichen Überreste von d'Artagnan mit an Sicherheit grenzender Wahrscheinlichkeit hier beigesetzt worden sind.

Im Juni 1673 standen die Franzosen wieder einmal vor Maastricht. Der „Holländische Krieg" heißt es in den Geschichtsbüchern. Ludwig XIV. hatte bereits einen großen Teil der Vereinigten Niederlande erobert und ließ es sich nicht nehmen, beim Kampf um die berühmte Festung Maastricht höchstpersönlich den Befehl zu führen. Eine Prestigesache gewissermaßen. Mit dabei auch die Elitetruppe seiner berittenen Leibgarde, die „Première Compagnie des Mousquetaires du Roi" unter Befehl des Kapitän-Leutnants Charles de Batz de Castelmore, besser bekannt als Graf d'Artagnan. Im Westen von Maastricht, im heutigen Stadtteil Wolder, dort, wo die Straße nach Tongeren führt, residierte der Sonnenkönig in seinem Feldlager. Am Morgen des 25. Juni kam es an einem der Stadtmauerbastione zu einem erbitterten Gefecht. Unter den vielen Opfern auf französischer Seite befand sich d'Artagnan. Für Ludwig XIV. auch ganz persönlich ein bitterer Verlust, war d'Artagnan doch einer seiner engsten Vertrauten gewesen, ein älterer Freund. Gemäß der Sitte, in der Schlacht Gefallene dort zu begraben, wo sie den Tod fanden, ist davon auszugehen, dass der treueste Musketier des Königs in der Kirche von Wolder oder auf dem Friedhof bei dieser Kirche bestattet worden ist. Dort hatte man bereits auch in früheren Kriegen im Kampf umgekommene Offiziere beigesetzt.

Überreste d'Artagnans werden sich kaum mehr bestimmen lassen. Aber der ruhmreiche Offizier des Sonnenkönigs ist längst unsterblich geworden – nicht nur im Roman von Dumas, sondern eben auch in Maastricht.

Beim „Tongerseplein", dort, wo früher Maastrichts westliche Stadtgrenze verlief und d'Artagnan den Tod fand, zeugen die „Kazematten" von der Kunst waghalsiger unterirdischer Kriegsführung in Belagerungszeiten. Zwischen 1575 und 1825 entstand das 14 km lange Netzwerk von Gängen, die es ermöglichten, sich unbemerkt dem Feind zu nähern. In Zeiten moderner Kriegsbedrohung wurden hier Bombenschutzräume eingerichtet.

Le Grand Animal

Die sensationelle Karriere einer (toten) Maasechse

In Maastricht spricht man noch stets vom „Grand Animal“, vom „Großen Tier“, dessen fossile Reste 1770 aus einer Mergelsteingrube im St. Pietersberg geborgen wurden. Dort baute man schon vor Jahrhunderten den Kalksandstein ab und schon damals stießen die Arbeiter immer wieder auf versteinerte Tiere. Meerestiere, wie man inzwischen weiß, da der Süden der heutigen Provinz Limburg in der Kreidezeit von Meer bedeckt war.

Mosasaurus, Replik des Fossils der Riesenechse

Fossile Funde hatten im 18. Jahrhundert den Rang von Raritäten, denen man weniger mit naturwissenschaftlichem, sondern eher mit theologischem Interesse begegnete. So deutete man manche Funde etwa als Überreste der biblischen Sintflut. „Le Grand Animal“ war aber nun ein ganz besonderes Fundstück. Mit ca. 15 Metern Länge von enormer Größe und mit einem extrem scharfen Gebiss. Ein Prunkstück in der Sammlung jedes Fossilienfreundes. Und von denen gab es im Maastricht jener Zeit etliche. Wie zum Beispiel einen gewissen Joh. Leonard Hoffmann, deutsch-niederländischer Feldchirurg, der über den Fund, den er für ein versteinertes Ur-Krokodil hielt, eine Abhandlung schrieb. Damit wurde das Ausnahmefossil schlagartig berühmt und es entstand ein munterer Austausch von mehr oder weniger Gelehrten darüber, was das einmal für ein Tier gewesen sei. Richtig spannend wird die Geschichte unserer Maasechse, als die revolutionären Truppen Frankreichs 1794 Maastricht einnehmen. Sie sind in Begleitung eines Geologen namens Saint-Fond, der den Auftrag hat, seine Hand auf alles zu legen, was interessant sein könnte für die Wissenschaften und Künste.
Die Soldaten der Republik sollen angewiesen worden sein, das berühmte Fossil vom St. Pietersberg ausfindig zu machen. Um die Motivation zu erhöhen, versprach man den Knochenjägern 600 Flaschen besten Wein. Es existiert allerdings auch die Version, einheimische Leute hätten das Fossil gegen die besagte Menge Wein eingetauscht. Wie auch immer, der französische Forscher kam in den Besitz des „Großen Tieres“ und begleitete es 1795 höchstper-

ommen nach Paris. Dort bekam es
ogleich einen Platz im Naturge-
chichtlichen Nationalmuseum
ind den etwas kühnen Titel
nationales Erbe". Saint-Fond
erfasste ein wissenschaftliches
Verk über die entführte Echse
ind versuchte darin nebenbei, sich
einzuwaschen vom Verdacht der
inrechtmäßigen Aneignung eines
Kulturguts. Obwohl „französisch"
geworden, ließ man dem Meeres-
eptil bei seiner wissenschaftlichen
Namensgebung noch ein Stück
Heimat: „Mosa(=Maas)saurus".

Ohne Übertreibung kann man
agen, dass die Erkenntnisse,
lie man durch ihn gewann, der
nodernen Paläontologie und spä-
er der Evolutionslehre den Weg
pereitet haben. Für den Forscher
Georges Cuvier kam der Fund aus
Maastricht nämlich gerade zur
ichtigen Zeit. Er identifizierte
len Mosasaurus zutreffend als
eine Meeresechse und konnte
lamit seine Hypothese befestigen,
lass es Tierarten gibt, die ausster-
pen, um anderen, neuen Platz zu
nachen. Charles Darwin wird
Cuviers Erkenntnisse ein halbes
ahrhundert später mit seiner Idee
ler „natürlichen Selektion" zur
Evolutionstheorie fortentwickeln.

Die Riesenechse gaben die Fran-
zosen nicht mehr her. In ihrer
Heimat begnügt man sich seither
mit einer lebensgroßen Replik, die im Maastrichter „Naturhistorischen Museum" ausgestellt ist. Im Jahr 2009 ging „Le Grand Animal" auf große Reise und kehrte noch einmal zurück an die Maas. Nach genau 215 Jahren. Nicht für immer, sondern nur für ein paar Monate, als Leihgabe aus Paris. Aber immerhin. Die Ausstellung „Darwin, Cuvier et le Grand Animal de Maestricht" stellte das Fossil in den Kontext, in dem es Berühmtheit erlangte. Und diese Berühmtheit vielleicht tatsächlich nur als Kriegs-Souvenir erlangen konnte.

1998 machte man im Maastrichter Mergelgestein wieder einen spektakulären Fund. Das Fossil eines Riesenreptils, dessen Schädel allein eineinhalb Meter lang ist. „Prognathodon" sagen die Wissenschaftler, „Bèr" nennt man das Exemplar liebevoll in Maastricht. Mehr als ein schwacher Trost für den Verlust des „Grand Animal". Wie stolz man auf „Bèr" ist, beweist das „Mosaleum", der gläserne Pavillon im Innenhof des Naturhistorischen Museums, den man eigens für ihn errichtet hat.

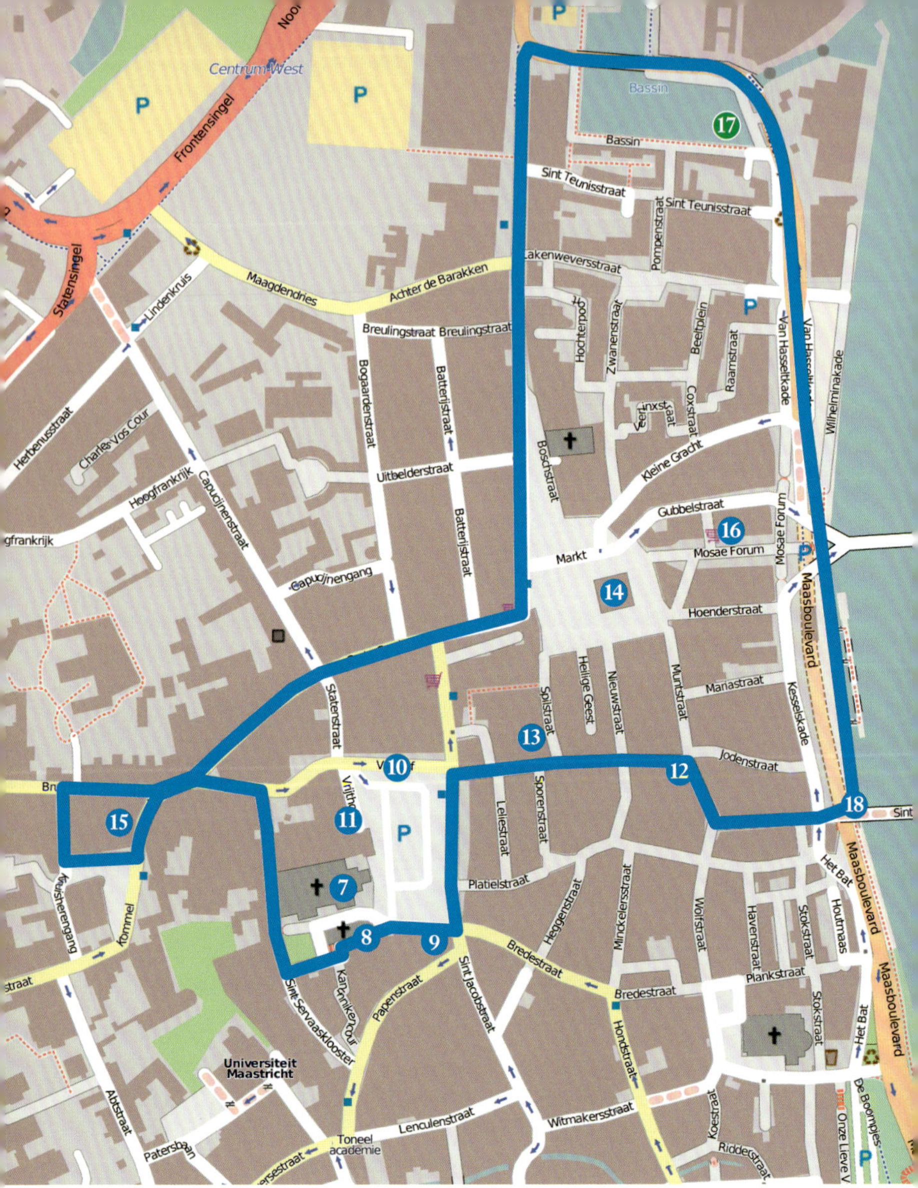

Stadtplanauszug Vrijthof/Markt

7 Sint-Servaas-Basilika
8 Sint-Jan-Kirche
9 Spaans Gouvernement
10 Generaalshuis
11 Militärische Hauptwache
12 Dinghuis mit VVV
13 Geschäftszentrum „Entre Deux“
14 Rathaus
15 Kruisherenklooster (Hotel)
16 Geschäftszentrum „Mosae Forum“
17 Bassin (alter Binnenhafen)
18 Servaas-Brücke

Wir umrunden den modernen Bau des Konservatoriums, folgen dem „Bosquetplein“, benannt nach dem Maastrichter Paläontologen de Bosquet und gehen vorbei am ehemaligen Kloster der „Grauwzusters“. Seit 1920 beherbergt das Haus das „Naturhistorische Museum“ von Maastricht. Dies ist kein Ort für Spezialisten, die sich gern über aufgespießte Käfer und verstaubte Steine beugen, sondern eigentlich ein Muss für jeden Maastricht-Besucher. Die Exponate sind überdurchschnittlich interessant und führen in eines der spannendsten Kapitel Maastrichter Stadtgeschichte.

Durch die „Looiersgracht“ erreichen wir wieder den „Ezelmarkt“, biegen halbrechts in die „Bouil-

Ein geduldiges Reittier für müdgelaufene Kinder

lonstraat“ und steigen dann links am „Sint Servaasklooster“ hoch. Der „Veldeke-Plein“ tut sich am Ende vor uns auf und wir haben beide Kirchen im Blick: Die gotische „Sint Jan“ mit dem charakteristischen rotgestrichenen Mergelsteinturm und die romanische Servatiusbasilika.

Auf dem Denkmal in der kleinen Grünanlage thront Henric van Veldeke, der als erster Dichter niederländischer Sprache gilt und hier als Verfasser der Servatiuslegende am richtigen Ort sitzt.

Wir befinden uns nun im Viertel der ehemaligen Kanoniker, der geistlichen Herren, die hier in ihren vornehmen Häusern lebten. Etliche dieser Stadtpalais sind auf der rechten Seite des Platzes noch erhalten.

Henric van Veldeke, Dichter zur Zeit des Minnesangs, der in seiner Servatiuslegende Maastricht ein frühes literarisches Denkmal setzte.

Bischöfe, Kaiser und ein Papst

Maastrichts Stadtpatron Servatius

Viele Legenden ranken sich um Servatius, den Bischof von Tongeren, der in der unruhigen Zeit der Völkerwanderung vor den Hunnen nach Maastricht auswich, um von hier aus die Christianisierung weiter voranzutreiben.

Bald nach seiner Ankunft an der Maas, so die Überlieferung, starb Servatius und sogleich setzte ein großer Pilgerstrom zu seinem Grab ein.

Unzählige Pilger haben den Stein an der Türschwelle zur Servatius-Grabkammer ausgetreten.

Die hölzerne Kapelle, die man zunächst darüber errichtet hatte, machte bald einer ersten Kirche aus Stein Platz. Kaiser Karl der Große, ebenfalls Pilger in Maastricht, erhob Servatius zum Schutzpatron der Karolinger und die Kirche zur Reichsabtei.

Die Annalen berichten von der Einweihung einer neuen, großen Kirche im Jahr 1039 in Anwesenheit von 12 Bischöfen und Kaiser Heinrich III. Auch Friedrich I. Barbarossa gehörte zu den mittelalterlichen Servatius-Pilgern, ebenso wie der Kreuzfahrer Herzog Gottfried von Bouillon. In den folgenden Jahrhunderten gab es immer wieder bauliche Erweiterungen am „Sint-Servaas"-Gotteshaus, das inzwischen Kirche des Kapitels geworden war. Erst mit der Ankunft der Franzosen 1794 endete die lange Zeit des Domkapitels. 1804 wurde „Sint Servaas" – um viele Kunstschätze ärmer – zur Pfarrkirche. Die große Restaurierungsphase im letzten Drittel des vorigen Jahrhunderts hat neogotische Elemente im Kircheninneren beseitigt. Das Mittelschiffgewölbe, der „Himmel", erscheint wieder hell, mittelalterliche Fresken sind sichtbar gemacht. Papst Johannes Paul II., der die Kirche mit dem Servatiusgrab 1985 besuchte, verlieh „Sint Servaas" den Titel einer Basilika.

In der Servaasbasilika ein echter „Säulenheiliger": Karl der Große

Den romanischen Bau von Sint Servaas sollte man von allen Seiten umkreisen. Der Eingangsbereich liegt am „Keizer-Karel-Plein". Eine Besichtigung der Basilika ist nur möglich in Verbindung mit dem Besuch der Schatzkammer. Sie birgt die größten Kostbarkeiten der Kirche und lohnt sich sehr.

Heilgtumsfahrt

Seit dem Mittelalter gibt es wie in Aachen und den belgischen Städten Tongeren, Hasselt und Sint-Truiden auch in Maastricht die Tradition der Heiligtumsfahrt, das alle 7 Jahre stattfindende Fest, bei dem kostbare Reliquienschätze gezeigt bzw. in Prozessionen durch die Stadt getragen werden. Im Mittelalter gab es zu diesem Anlass eine allgemeine Sündenvergebung, Gefangene erhielten ihre Freiheit zurück und Schulden wurden erlassen. Heute wird dieses mehrere Tage dauernde Fest von einem vielseitigen kulturellen und religiösen Rahmenprogramm begleitet.

Verdient besondere Aufmerksamkeit:

Außen

- Ostchor (12. Jahrhundert), die dem „Vrijthof“ zugewandte Seite. Erinnert mit der kleinen Galerie und den beiden Türmen an den Speyrer Dom.
- Der mächtige Westbau aus Kohlensandstein und Mergelblöcken
- Frühgotisches Portal an der Eingangsseite am „Keizer-Karel-Plein“: Darstellung von Christus mit Petrus und Servatius, in den Bögen Apostel und Propheten
- Basilikaportal an der Vrijthofseite zur Erinnerung an den päpstlichen Besuch vom 14. Mai 1985 und Erhebung der Kirche zur Basilika, geschaffen von Appie Drielsma
- Im „Pandhof“ (Innenhof des Kreuzgangs) die alte, 6000 kg schwere Glocke „Grameer“ (frz. grand-mère = Großmutter), die dem Eingeschmolzenwerden durch die Nazis entkam.

Das Bergportal (13. Jahrhundert) an der Südwestseite der Kirche mit reichen Skulpturen und Tympanon mit Szenen aus dem Marienleben. „Berg-“, weil es am Rand der ansteigenden alten Maasterrasse liegt.

Romanisches Tympanon über der Kircheneingangstür

Innen

- Vor der Orgel Reste der einstigen Chorschranke mit romanischem Steinrelief: Christus krönt Petrus und Bischof Servatius, darunter Maria in der Mandorla
- Marianum in der Kirchenmitte (15. Jh.): Maria im Strahlenkranz
- Seitenkapelle links vor dem Eingang: Maria als Sitz der Weisheit (13. Jahrhundert)

Schlüssel des Hl. Servatius, den er der Legende nach in Rom von Petrus erhielt.

- Krypta, die alte Wallfahrtsstätte mit Grabkammer von Servatius und Grabstätten karolingischer und fränkischer Fürsten sowie einem bemalten Sarkophag, der einst Reliquien der Maastrichter Bischöfe Candidus, Valentinus und der beiden sogenannten Baubischöfe Monulfus und Gondulfus barg; die beiden letztgenannten gelten als Erbauer der ersten Kirche an dieser Stelle.
- Schatzkammer mit vielen Exponaten sakraler Kunst, prachtvollen Reliquiaren und der größten Kostbarkeit, der „Noodkist" mit Reliquien von Servatius und anderen Maastrichter Bischöfen.

Der Reliquienschrein des Hl. Servatius

Brustkreuz des Hl. Servatius

Ein Straußenei als Reliquienbehälter

Dass so dicht neben der Servatiusbasilika eine weitere alte Kirche steht, ist keine architektonische Ungeschicklichkeit gewesen. Auch nicht, wie manchmal fälschlicherweise spekuliert wird, seinerzeit eine Protestgebärde der Reformierten. Dafür ist diese Kirche ja auch viel zu alt. Die gotische Sint-Jan-Kirche war ursprünglich als Taufkirche für das Kapitel von Sint-Servaas gebaut worden. Später diente sie als Pfarrkirche. Erst 1633, nach dem Sieg der protestantisch-niederländischen Generalstaaten über die katholischen Spanier, bekamen die reformierten Maastrichter „Sint-Jan" als eigene große Kirche. Sehenswert sind im Chorraum u.a. die Steinfiguren der 12 Apostel (von 1400), mittelalterliche Wandfresken und die barocke Kanzel. Lohnend ist eine Turmbesteigung: Nach 218 Stufen hat man aus 43 Meter Höhe eine tolle Aussicht auf die Stadt.

Riesengroß ist Maastrichts beliebter „Vrijthof". So groß, dass die Franzosen ihn einst als idealen militärischen Paradeplatz entdeckten und im Jahr 1800 in „Place d'Armes" (Waffenplatz) umtauften. Heute hat der „Vrijthof" nichts Waffenklirrendes mehr. Man tritt hier aus dem Trubel der Geschäftsstraßen ins Freie, die Augen können sich erholen. Bäume, Kirchen und Himmel statt Schaufenster und Menschentrauben. An den Rändern der großen Fläche geht es allerdings lebhaft zu, dort, wo sich die Restaurants und Grand-Cafés mit ihren ausgedehnten Terrassen aneinanderreihen. „Sehen und Gesehenwerden" heißt das Spiel, das hier gespielt wird. Von Touristen, aber auch gern von den Einheimischen. Dazu ein Glas Limburger Bier, einen „Limburgse Koffie" (mit Kräuterbitter) oder einen Cappuccino mit einem Stück „Vlaai".

Der „Vriethof", wie er im Dialekt heißt, hat in Maastrichts Geschichte stets eine bedeutsame Rolle gespielt und viele der den Platz säumenden Gebäude stehen für ein zentrales Kapitel der Stadtgeschichte. Das Servatiusgrab, das seit frühchristlicher Zeit Maastrichts Ruf als Pilgerort begründete. Die vornehmen Wohnhäuser der Stiftsherren, die die lange Zeit des Kapitels dokumentieren.

Das rote Gebäude an der Südseite des Platzes, in Maastricht bekannt als „Spaans Gouvernement", in

General Dibbets, Maastricht nach dem belgischen Aufstand 1830 bei der niederländischen Stange zu halten, während die gesamte damalige Provinz Limburg vorübergehend zum belgischen Staat übergelaufen war.

Die „Militärische Hauptwache" in der früheren Garnisonsstadt Maastricht. Von hier aus hatte man den strategischen Überblick und konnte bei Gefahr durch Kanonenschüsse alle anderen städtischen Wachposten in Alarmstimmung versetzen.

Das „Generaalshuis", in dem der legendäre General Dibbets residierte. Man vermutet kaum, dass sich hinter der klassizistischen Fassade ein modernes, großes Stadttheater verbirgt.

dem im 16. Jahrhundert die weltlichen Stadtoberhäupter abstiegen, die spanischen Könige Karl V. und Philipp II. oder ihre gefürchteten Statthalter.

An der gegenüberliegenden Platzseite das langgestreckte, bildschöne ehemalige „Generaalshuis". Von hier aus schaffte es

Das erste Haus der Stadt: „Museum aan het Vrijthof"

Trotz seines roten Anstrichs wirkt es eher unscheinbar: Das Vrijthof-Museum und „kulturelle Wohnzimmer" von Maastricht, „Spaans (spanisches) Gouvernement" genannt, da das Haus zur Zeit der Zweiherrigkeit der Stadt als „Hotel" für die burgundisch-spanischen Herren gedient hat; Karl V. stieg zwischen 1520 und 1550 regelmäßig hier ab. Heute ein Haus für die Maastrichter, für die Limburger und alle, die das Geheimnis der burgundischen Lebensart ein bisschen näher ergründen möchten. 500 Jahre Maastrichter Wohnkultur, Handwerk und Kunsthandwerk lassen sich in diesem einstigen Kapitelhaus mit der Renaissancearkade im Innenhof entdecken. Im Frühjahr 2012 wird sich das „Museum aan het Vrijthof" auf viermal so großer Fläche und mit ganz neuer und spannender Konzeption präsentieren. Der Besucher taucht mithilfe neuester Projektions- und Audiotechniken ein in „500 Jahre Maastricht". Eine Stadt erzählt ihre Geschichte und zugleich die einer ganzen europäischen Region. Geschichtsbewusstsein schafft Zukunft - das neue Museum wird auch im Hinblick auf die Kandidatur zur Kulturhauptstadt Europas die kulturelle Infrastruktur der gesamten Euregio Maas-Rhein bereichern.

Gastro-Tipps

Die Anziehungskraft der „Vrijthof"-Terrassen ist enorm. Die Tische und Korbstühle sind so „aneinandergewachsen", dass man die dazugehörigen Restaurants nur mühsam unterscheiden kann. Essen und Trinken lässt sich auf dem „Vrijthof" bei durchweg ordentlicher Qualität.

Empfehlenswert:
Grand Café De Perroen
& Eetcafè De Pallieter
Vrijthof 34-35
Reichhaltige Karte,
10 verschiedene Fassbiere

Puur Smaak
Keizer Karel Plein 15
Mediterrane Küche

Gio's Cucina Casalinga
Vrijthof 29a
Der Italiener am Vrijthof.
Italienische Opernmusik
im Preis inbegriffen

Viel historische Patina in „De Oude Vogelstruys", der ältesten Kneipe Maastrichts, wahrscheinlich sogar der Niederlande.

Seit 1309 wird an dieser Stelle eine Gastwirtschaft betrieben. Im Wappen des Hl. Servatius erscheint der Vogel Strauß, da war die mittelalterliche Namensgebung für die Pilgerherberge beim Servatiusgrab eine nicht ungeschickte Marketing-Idee.
Im kleinen urigen Gastraum fließen aus neun Zapfhähnen vier Biersorten, aber zu herzhaften kleinen Gerichten (Tipp: Hiesiger Rommedoe-Käse mit Nussbrot) gibt es hier auch ein gutes Glas Wein.

Routenvariante 2

Spiel mit Kontrasten - Das Kruisherenhotel

Vom „Keizer Karel-Plein“ ist es nicht weit bis zum „Kommelviertel“. Ein Spaziergang zum Kommel lohnt, da man dort die Wiederauferstehung einer alten Klosteranlage als modernes Stadthotel begutachten kann.

Maastricht war einst eine kirchen- und klosterreiche Stadt. Die von den Franzosen Ende des 18. Jahrhunderts hart durchgeführte Enteignung von Kirchen- und Klosterbesitz bedeutete für viele dieser Gebäude schon damals das definitive Ende ihrer religiösen Zweckbestimmung. Kirchen als Pferdeställe, Klöster als Waffenmagazine, das kennt man allerorten aus der Franzosenzeit. Der Erhalt der religiösen Bauten spielte damals keine Rolle. Das ist heute anders, wenn kreative Unternehmer in den stilvollen alten Gebäuden Raum sehen für die Verwirklichung spektakulärer Geschäftsideen. Neben der Buchhandlung in der Dominikanerkirche ist das 4-Sterne-Hotel im Kreuzherrenkloster dafür ein weiteres Beispiel in der Maastrichter Innenstadt. Von 1898 bis in die 1970iger Jahre war die gesamte Klosteranlage Sitz einer staatlichen Kontrollstelle für landwirtschaftliche Produkte gewesen. Nach vorübergehender nochmaliger kirchlicher Nutzung lag der Komplex danach mehr oder weniger brach. Bis der Limburger Erfolgshotelier Camille Oostwegel, der bereits ein ähnliches Projekt bei Valkenburg (Landgut Sint Gerlach) realisiert hatte, Kloster samt Kirche von der Stadt Maastricht erwarb und ein umfassendes mehrjähriges Restaurierungsprojekt in Gang setzte. Am 1. Mai 2005 hatte Oostwegel das zunächst unmöglich Scheinende erreicht. In die spätgotische Klosteranlage war ein ultramodernes Luxushotel integriert worden.

Routenvariante 2

Durch einen kupfernen Eingangstunnel betritt man den einstigen Kirchenraum, unter dessen kunstvollem gotischen Rippengewölbe nun allerlei extravagante Interieur-Ideen zu bestaunen sind. Zum Beispiel die eingeschobene offene erste Etage, auf der die Mahlzeiten serviert werden. Oder das Riesenei, in dem das Hotelbüro untergebracht ist. Im Altarraum gibt es eine Weinbar und im klimatisierten Halbrund des Chorraums ist der untere Teil der Mergelwand mit roten Kissen gepolstert, damit man sich bequem anlehnen kann beim Genuss des Rebensaftes. Die innenarchitektonische Gestaltung lag weitgehend in Händen des Deutschen Ingo Maurer, der unter Einbeziehung des Innenhofs eine Art „Gesamtkunstwerk" schuf. Die Hotelgäste schlafen in den einstigen Mönchszellen, mit Flachbildschirm neben den bleiverglasten Fenstern. Man glaubt Oostwegel seinen Grundsatz, mit großem Respekt vor der Vergangenheit der Gebäude ans Werk gegangen zu sein. Dazu gehört, dass die bauliche Substanz der gesamten Klosteranlage nicht angetastet wurde und alles, was die Hotel-Infrastruktur ausmacht, „mobil" geblieben ist und jederzeit wieder aus dem Gebäude entfernt werden könnte. Es ist unbestreitbar ein großes Verdienst, das Kloster und die Kirche mit ihren spätmittelalterlichen Fresken restauriert und vor dem Verfall bewahrt zu haben, auch wenn die Anlage nun nur noch „verkleidet" als Design-Hotel zu erleben ist.

Übrigens: Man kann im „Kreuzherren"-Restaurant" auch als Nicht-Hotelgast einkehren.

Einst Kloster und Kirche des Kreuzherrenordens, heute extravagantes Stadthotel

Neues Leben für alte Steine

Ein Gespräch mit Camille Oostwegel

Sie saßen zusammen in Maastricht in einer Klasse des Lyzeums und waren jahrelang fast unzertrennlich. Der eine, André Rieu, hat es inzwischen zu Weltruhm in der musikalischen Unterhaltungsbranche gebracht, der andere, Camille Oostwegel, ist einer der erfolgreichsten Unternehmer der Niederlande geworden. Beide sind – freilich mit unterschiedlicher „Reichweite“ – zu Botschaftern ihrer Heimat geworden und dort ist man stolz auf sie.

Nicht weniger als sechs historische Gebäudekomplexe in Südlimburg restaurierte Oostwegel in den vergangenen 30 Jahren. Einige davon rettete er vor dem sicheren Verfall. Er etablierte in den alten Gemäuern Betriebe der gastronomischen Spitzenklasse, die rasch internationale Bekanntheit erlangten. Vom Absolventen der Maastrichter Hotelfachschule zum Gastgeber für die Großen dieser Welt – die Karriere des 60jährigen Camille Oostwegel ist beeindruckend.

In der „Villa Casa Blanca“ in Houthem bei Valkenburg bin ich mit ihm zum Gespräch verabredet. Das schneeweiße Gebäude, 1928 im Bauhausstil errichtet, beherbergt heute Oostwegels Wohnhaus und auch sein Hauptbüro. „Mein Großvater“, erzählt der Hausherr, „kannte den Architekten Peutz, der u.a. in Heerlen das berühmte „Glaspalais“ schuf, und gab dieses Haus in Auftrag.“ Eine wahre Sensation muss der kubistische Bau damals im ländlichen Limburg gewesen sein. Und der Großvater, erfolgreicher Konditor in Maastricht, ein Mann mit einem Faible fürs Extravagante. „Wohnen Sie hier im Schloss?“ fragte der frühere US-Präsident George Bush seinen Gastherrn Oostwegel, als er im Jahr 2005 mit „großem Gefolge“ eine Nacht auf „Château Sint Gerlach“ logierte. „Nein“, antwortete Oostwegel damals, „ich wohne in der Villa Casa Blanca unweit von hier.“ „Dann wohnen Sie also auch im ‘White House’“, flachste Bush. „Richtig“, sagte Oostwegel und stellte seine Frau vor: „Und das ist meine First Lady.“ Sichtlich gern lässt Oostwegel diese Szene noch einmal Revue passieren. Von Prominenten könnte er zweifellos so manches aus dem Nähkästchen plaudern. Aber seine eigene Erfolgsgeschichte zu hören ist viel spannender.

Nachdem Oostwegel seine Hotelier-Laufbahn beim Novotel-Konzern in Frankreich begonnen hatte, startete er auf „Kasteel Erenstein“ bei Kerkrade mit seinem ersten eigenen Unternehmen. Es folgten bald der „Brughof“ und der „Winselerhof“, beides Landgüter in reizvoller Natur zwischen Kerkrade und Landgraaf; sie waren auch die ersten Restaurierungsherausforderungen für Oostwegel. Er machte aus den Höfen wunderschöne Anwesen, die in der Hotel- und Restaurantszene rasch Spitzenplätze besetzten. 1984 erfüllte sich Oostwegel mit dem Erwerb des renommierten Terrassenschlosses „Château Neerkanne“ einen Traum. Es war ihm jedoch nicht genug, dort im Jekertal die Tradition eines Sterne-Restaurants fortzusetzen. Der Kupferstich eines gewissen Guilleaume de Bruyn aus dem Jahr 1715, der das Schloss mit großartigem Parkgelände zeigt, ließ ihn nicht los. Soviel wie möglich wollte er davon wieder erstehen lassen. Oostwegel: „Ich wurde anfangs belächelt. Der Stich sei mehr Fiktion als Abbild der Realität, sagte man mir. Aber ich bezeichnete einen Punkt auf einem Wiesenabschnitt und ließ graben. Nach nur einer Stunde stieß man auf Mauerreste, die Einfassung eines kleinen Weihers, der auf dem Kupferstich sichtbar ist.“ Das sind die Momente, die Oostwegel genießt. „Wir haben auch alte Rechnungen gefunden“, berichtet er weiter, „über das gelieferte Glas, das man für das Teehaus benötigte“ und er weist im aufgeklappten alten Folianten auf besagten Kupferstich mit dem kleinen Pavillon am oberen Bildrand. Genauso wie der Erbauer von „Château Neerkanne“, Baron Van Dopff, sie einst anlegen ließ, sind die Gärten nicht rekonstruierbar, wohl aber kommen sie nach Jahren der Umgestaltung der ursprünglichen Konzeption wieder nahe. Jenseits der Straße nach Kanne, neben der mäandernden Jeker, ist man nun auch noch darangegangen, den früheren Spiegelweiher zu retablieren.

Man spürt bei Oostwegel, das ist nicht der Typ Erfolgsunternehmer, der es sich mittlerweile leisten kann, nicht mehr permanent mit Finanzen beschäftigt zu sein, sondern sich nun auch gern mit „Schöngeistigem“ schmückt.

Nein, hier spricht jemand, der sich wirklich berühren lässt von Geschichte, von Architektur und Kunst. Fast drängt sich der Eindruck auf, als sei der Hotelier-Beruf für ihn nur das Medium gewesen, sich mit dieser ihm wichtigeren Welt verbinden zu können.

Als ich ihn frage, warum er sich immer wieder diesen Restaurierungsmarathon angetan hat und was sein Antrieb eigentlich sei, antwortet er spontan: „Liebe zu den alten Steinen“, und das klingt beinahe schon wie ein understatement. „Dass ein altes Denkmal wieder ein neues Leben haben kann“, fährt er dann fort, „und Menschen das genießen können. Das ist meine Herausforderung.“ Die letzte dieser Art waren Restaurierung und Umbau des Maastrichter Kreuzherrenklosters samt zugehöriger Kirche zu einem extravaganten modernen Stadthotel. Der Kampf mit der Bürokratie, die Finanzierungsprobleme, all das „gehöre dazu“, sagt Oostwegel im Rückblick gelassen. Wichtig allein sei, dass aus dem alten Klosterkomplex nun ein Haus entstanden ist, von dem einer der wenigen noch existierenden Mitglieder des Kreuzherrenordens bei der Hoteleröffnung sagte: „Wir haben damals Gäste in diesem Haus empfangen und versorgt, hier konnten sie zur Ruhe finden. Diese Tradition setzen Sie heute fort und dafür sind wir dankbar.“ Das ist für Oostwegel die schönste Würdigung seiner Arbeit. Und wer mag da noch mäkelnd einwenden, dass die einstigen Gäste der Kreuzherren sich von denen des heutigen 4-Sterne-Hotels ziemlich unterschieden haben werden … Postmodernes Design hinter dem kupfernen Eingangstunnel – man kann darüber vielleicht geteilter Meinung sein, aber Oostwegel ließ auch die mittelalterlichen Wandfresken und das spätgotische Kreuzrippengewölbe wieder in alter Pracht erstrahlen. Ist die gastronomische Zweckbestimmung, laut Oostwegel „die beste Lösung für ein altes Gebäude“, nicht tatsächlich ein geeigneter Garant für das Überleben historischer Bausubstanz und sichert gleichzeitig eine Zugangsmöglichkeit für alle?

Oostwegel liebt die Kontraste. Angesprochen auf Maastrichts neuen Stadtteil Céramique lässt er keinen Zweifel daran, dass er diese Form der Stadtentwicklung für gelungen hält: „Wir zeigen in Céramique, dass wir auch etwas Neues machen können, offen sind für zeitgenössische Architektur.“

„Wunderschöne neue Gebäude“ seien dort entstanden. Und wenn manche Bewohner hier und da klagen, alles sei noch ein wenig unlebendig, hält Oostwegel dagegen: „In Maastricht meint man schnell, dass auf einem Platz Terrassen sein müssen. Aber vielleicht muss das gar nicht immer so sein. Man muss sich an das Neue erst gewöhnen, das dauert möglicherweise 30 oder 40 Jahre.“

Warum Maastricht eigentlich so verschwenderisch schön sei, frage ich ihn zum Abschluss. Oostwegel: „Das größte Glück für Maastricht war, dass man nach dem Krieg kein Geld hatte, großräumig Bebauung abzureißen. Als man dann in den 60-er Jahren wieder finanzkräftiger wurde, herrschte inzwischen eine andere Denkweise und man zog es vor zu restaurieren und zu rekonstruieren. Die Sanierung des Stokstraatquartiers wurde in diesem Zusammenhang ein Vorbild für die ganzen Niederlande.“

Verantwortung für das kulturelle Erbe, das ist zweifellos Leitmotiv für Denken und Handeln von Camille Oostwegel. Und so scheint es auch kein Gegensatz, dass dieser weltmännische Unternehmer, seit kurzem Honorarkonsul von Frankreich, eine wichtige Rolle im Schützenverein seines Heimatdorfes Houthem spielt und im Frack und mit Säbel zum Königsvogelschießen zieht.

Als ich sein schönes Haus verlassen habe und wieder im Auto sitze, überlege ich: Was zeichnet das „Phänomen Oostwegel“ vor allem aus? Es ist der hohe Stellenwert von Ästhetik, eine jugendfrische Begeisterung für Geschichte und Kultur – und das gepaart mit unternehmerischem Geschick und unbändigem Gestaltungswillen.

Und genau diese glückliche Melange – bei Oostwegel gleichsam personifiziert – hat überall in Maastricht und Südlimburg so viel staunenswert Schönes hervorgebracht und wird das auch weiterhin tun. „Camille Oostwegel Château Hotels &-Restaurants“ – eben ein echt limburgisches Erfolgsmodell.

Am nordöstlichen Ende des „Vrijthofs“ führt unser Weg in Maastrichts beliebteste Fußgängerstraße, die „Grote Staat“, die nach einem Rechtsknick beim „Dinghuis“ als „Kleine Staat“ weiterführt. Wohlgemerkt „Staat“ und nicht „Straat“. Aufgrund der jahrhundertelangen Regierungsform der Zweiherrigkeit unterschied man in Maastricht lange nicht zwischen „Staat“ und „Stadt“. So erklärt sich, dass die Straßen, in denen sich einst wichtige Gebäude der Stadtverwaltung befanden, die leicht missverständlichen Namen erhielten. Zwei Gerichtsgebäude hatten ihren Sitz in den „Staatsstraßen“. Das eine, „de Lanscroon“, existiert nicht mehr; am „Vroom&Dreesman“-Kaufhaus erinnert noch ein Giebelstein daran, dass hier einmal dieses (sicherlich schöne) Gebäude stand. Das andere Haus ist erhalten geblieben. Aus Richtung „Vrijthof“ läuft man geradewegs darauf zu: Das „Dinghuis“ aus dem 15. Jahrhundert. Der mächtig hohe Bau mit dem markanten Satteldach gehört zur Stadtsilhouette. Noch im vorigen Jahrhundert versah oben im Glockenturm ein Brandwächter seinen Dienst. Sichtete er irgendwo in der Stadt ein Feuer, musste er dies durch Läuten einer Glocke kundtun und eine Laterne an der Turmseite aufhängen, die den Brandlöschern die entsprechende Richtung wies. Im Gewölbekeller des „Dinghuis“ ist heute Maastrichts Fremdenverkehrsverein ansässig, der VVV, der für Besucher der Stadt viele interessante Informationen und geschmackvolle Souvenirs bereithält.

Die Geschäftsleute in der „Groten“ und „Kleinen Staat“, der Hauptachse von Maastrichts Einkaufseldorado, zahlen für ihre Ladenflächen Mietpreise, die in den Niederlanden nur noch von Amsterdams „Kalverstraat“ getoppt werden. Verständlich, dass auf solch teurem Pflaster fast nur noch große Ketten mithalten können.

Das „Dinghuis“, heute Sitz des Maastrichter Fremdenverkehrsvereins

Einkaufs-Tipps

Weinhaus Thiessen

Freunde eines guten Tropfens finden ihr Glück im Weinhaus Thiessen an der „Grote Gracht", dem ältesten Weinhandel der Niederlande. Die Fässer in den historischen Kellergewölben beinhalten zum Teil wahre Schätze, seltene und kostbare Weine. Bei Thiessen wird selbst abgefüllt, aber auch Flaschen aus aller Welt gelangen hier in den Verkauf. Weinproben und Führungen werktags und samstags möglich.

Mosae Forum

Zwei sehr unterschiedliche Geschäfte im „Mosae Forum" liegen in unmittelbarer Nachbarschaft und haben beide kulinarische Köstlichkeiten zu bieten. Volkstümlich der eine, „Preuve Limburg" (mit Bistro), der sich auf regionale Produkte konzentriert; ganz im Dienst des besonders anspruchsvollen Kunden der andere, „Traiteur Saveur", mit Delikatessen vom Feinsten im Angebot.

Der Rommedoe-Käse, ein „starkes" Stück Limburg

De Kiekoet

In unmittelbarer Nähe des „Sint-Amorsplein" liegt Maastrichts etwas anderes „Andenken"-Geschäft. Wer ein ganz besonderes Mitbringsel sucht, der wird in „De Kiekoet" (d.h. „Schaufenster" im Maastrichter Dialekt) fündig werden. Ein hübscher Laden mit einer reichen Palette von Angeboten, die alle einen Bezug zu Maastricht haben: Vom heimischen Senf oder Honig bis zur André Rieu-CD, vom Maastrichter Riesling bis zum Mergelstein-Windlicht. Das Stammgeschäft befindet sich in der Heggenstraat 5. Im Stadtteil Wyck, in der Rechtstraat 52, gibt es seit einiger Zeit eine „Kiekoet"-Filiale.

Vom Dominikanerkloster ist links neben der Kirche nur noch die „Pförtnerloge" mit ihrem schönen Renaissancegiebel erhalten. Durch das Tor gelangt man in das neue Einkaufszentrum „Entre Deux".

So finden sich hier auch die zwei größten Kaufhäuser der Stadt, „Vroom&Dreesman" (populär, großes und gutes Warenangebot) und der „Bijenkorf" (die „feine" Warenhauskette in den Niederlanden).

Die drei Straßen, die von der „Grote Staat" parallel auf den Markt hinunterführen, die „Spilstraat", „Nieuwstraat" und die „Muntstraat", bieten alle eine Vielzahl von Geschäften und es kann zu Spitzenzeiten hier sehr trubelig werden. Wir biegen vom „Vrijthof" kommend direkt nach links in die „Dominikanerkerkstraat" ein, landen auf dem gleichnamigen Platz und stehen vor der ehemaligen Dominikanerkirche.

Bestseller in der Klosterkirche – die „Selexyz Dominicanen"-Buchhandlung

In ihrem Inneren erwartet den Besucher eine veritable Überraschung. Die Buchhandlung „Selexyz Dominicanen" präsentiert hier unter dem Gewölbe der gotischen Kirche ihr breit gefächertes, internationales Angebot. Laut dem britischen „Guardian" die schönste Buchhandlung der Welt. Zweifellos eine mit einem besonders aparten Flair. Im Chorraum kann man lunchen, Kaffee trinken und natürlich lesen. Häufig finden hier auch kulturelle Veranstaltungen statt. Die Klosterkirche diente schon lange vorher „säkularen" Zwecken; so beherbergte sie früher einen Weihnachtsmarkt und zur Karnevalszeit trafen sich hier die „Jecken".

Direkt neben der „Bücher-Kirche" und in bester Maastrichter Manier architektonisch reizvoll in die vorhandene alte Bausubstanz integriert zieht das Geschäftszentrum „Entre Deux" viele Besucher an. Ein neuer Komplex, für den man den unansehnlichen Vorgängerbau gleichen Namens abgerissen hat. „Entre Deux", d.h. „zwischen zwei" und bezeichnet die Lage zwischen „Vrijthof" und „Markt".

Hier präsentiert sich Mode auf 12.000 m², verteilt über mehrere Etagen und garantiert interessante und wetterunabhängige Einkaufserlebnisse.

Um unsere Route fortzusetzen, nehmen wir auf der „Groten Staat" die 2. Straße links, die „Spilstraat" (vom „Entre Deux" gibt es einen Ausgang auf diese Straße), und gehen hinunter zum Markt. Maastrichts volkstümlichster Platz, auch wenn das frei in der Mitte stehende Rathaus mit seinem silbergrauen Stein und dem monumentalen Treppenaufgang vornehm wie ein Schloss wirkt. Erklingt das „Carillon" vom

Früher stand vor dem Rathaus der Schandpfahl und wurden hier noch bis 1860 (!) zum Tode Verurteilte exekutiert.

Einer der schönsten Räume in Maastrichts Rathaus, die „Prinsenkamer", in der früher die Gesandten beider Stadtobrigkeiten empfangen und wichtige politische Beschlüsse gefasst wurden.

Glockenturm und verbreiten die Fischstände rund um das „stadhuis“ maritime Düfte, dann ist der Markt auch der „holländischste“ von den drei großen alten Plätzen in der Stadt.

Sieben Tage die Woche werden hier frische Produkte für den täglichen Bedarf angeboten. Freitags lockt der allgemeine Warenmarkt besonders viele Käufer und in der „Boschstraat“, die breite Straße mit der alten Matthiaskirche zur Rechten, gibt es dann einen beliebten, da exzellenten Fischmarkt und Stände, die exotisches Obst und Gemüse verkaufen. In respektvollem Abstand zum Rathaus säumen alte und schöne Häuser mit den für Maastricht typischen hohen Satteldächern den Markt; unter diesen Dächern befanden sich die Vorratsspeicher für Kriegs- und Belagerungszeiten.

Der Niederländer Pieter Post, der während des „Goldenen Zeitalters“ der Niederlande sein Auftragsbuch stets gut gefüllt hatte, schuf Maastrichts barockes „stadhuis“, in dem 1664 die Arbeit aufgenommen werden konnte. Ein Blick in die Eingangshalle mit ihren offenen Galerien ist zur Öffnungszeit des Rathauses möglich. Die Flaggen über dem Treppenaufgang drinnen stammen von französischen, belgischen und niederländischen Städten, die 1944 von den Amerikanern befreit wurden, noch bevor für Maastricht die Zeit der Besatzung endete. Auch wenn einzelne Abteilungen der Stadtverwaltung kürzlich in neue Räume des „Mosae Forums“ verlegt wurden, ist das Rathaus immer noch „in Betrieb“ und der Arbeitsplatz des Maastrichter Bürgermeisters.

Neuer Blickfang auf dem Markt ist der moderne Baukomplex, der

Er bekam einen Platz vor dem Rathaus seiner Geburtsstadt und seine Errungenschaft für immer in die Hand gedrückt: Jan Pieter Minckeleers, Gelehrter an der Universität Löwen. Er erfand das Leucht- oder Stadtgas.

sich hinter dem Rathaus auftut, das „Mosae Forum". An dieser Stelle standen zuvor zwei Bauten aus der Nachkriegszeit, die städtische Behörden beherbergten. Der Verkehr führte hier hoch zur Wilhelminabrücke. Eine Situation, mit der man in Maastricht nie zufrieden war. Und so nahm man eine grundlegende Umgestaltung ins Visier, die dem Markt wieder Geschlossenheit verleihen sollte.

Dabei bezog man noch gleich einen anderen Aspekt mit ein, nämlich die Stadt wieder stärker mit dem Maasufer zu verbinden. Dafür wurden die Autos zwischen Markt und Höhe Liebfrauenbasilika in einen Tunnel geschickt und es entstand auf diese Weise ein breiter Boulevard am Maasufer, eine großzügige Flaniermeile mit – wie könnte es anders sein in Maastricht – vielen Terrassen.

SCHIFFS-TOUREN

Auf der neuen Maaspromenade, neben den zwei riesigen Schiffsschornsteinen, kann man seine Schiffstour auf der Maas organisieren. Hier befindet sich das Ticketbüro der Reederei Stiphout und hier ist auch die Abfahrts-undAnlegestelle der Ausflugsboote. Das Unternehmen bietet verschiedene Bootstouren an. Bis nach Lüttich kann man schippern, sich für eine niederländisch-belgische Schleusenfahrt entscheiden oder das Bassin, Maastrichts historischen Binnenhafen ansteuern. Besonders empfehlenswert ist eine Rundfahrt kombiniert mit einem geführten Besuch der Grotten des St. Pietersberg.

Ein schönes Beispiel für zeitgenössische Architektur in Maastricht, das Geschäftszentrum „Mosae Forum"

Abermals hatte man sich Architekt Jo Coenen anvertraut, dem Mann, der den Masterplan für Maastrichts neuen Stadtteil „Céramique“ entwarf. Den Markt wieder an den Fluss heranzuführen, das war seine Vision. Und man muss dem international renommierten Städtebauer attestieren, dass ihm das vortrefflich gelungen ist. Wichtiges Bindeglied ist dabei das Geschäftszentrum „Mosae Forum“, ein Gebäudekomplex, der durch architektonische Eleganz überzeugt. Die Hauptmall läuft aus wie in einem Schiffsbug, hoch über der Maas. Eine Treppe führt hinunter zur Uferpromenade. Verkehrstechnisch raffiniert dabei gelöst: Zugang und Zufahrt zur Wilhelminabrücke sind nach wie vor möglich.

Auf über 18.000 m² bietet der luftig, transparent wirkende Gebäudekomplex Raum für zahlreiche Modehäuser, große und kleinere Fachgeschäfte, Feinkostläden und gastronomische Betriebe.

„Mosae Forum“, Innenansicht

Drinnen hat man wirkungsvoll altes Gemäuer mit modernen Bauelementen aus Holz, Stahl und Glas verbunden und eine eigenwillige Atmosphäre geschaffen, eine Art von futuristischer Behaglichkeit.

Gastro-Tipps

- **Vroom & Dreesman**
  Das Kaufhaus „Vroom & Dreesman“ besitzt ein Selbstbedienungsrestaurant, dessen Produkte sich in Bezug auf Frische und Qualität sehen lassen können. Und wenn man bereit ist, sein Tablett bis auf die oberste Etage zu balancieren – in der warmen Jahreszeit ist dort eine Dachterrasse geöffnet – kann man zudem noch die schöne Aussicht genießen.

- **Cachet**
  Boschstraat 104
  Tagsüber gut für eine süße oder herzhafte Stärkung zwischendurch; ab 18 Uhr Menüs

- **La Chine**
  Markt 33
  Der Chinese in Maastricht. Gerichte auch zum Mitnehmen.

Besonders familienfreundlich

Ut Lieuwke
Grote Gracht 62
Familiäre Atmosphäre, gediegene Küche. Spezialität: Hausgemachte Kroketten

Routenvariante 3

Routenvariante 3

Fast touristenfrei – durch die „Boschstraat" zum „Bassin"

Es lohnt sich, Maastrichts historischen Binnenhafen, das „Bassin", im Norden der Stadt auf einem interessanten Spaziergang kennenzulernen. (Man kann eine Strecke auch per Schiff zurücklegen)

Dazu geht man auf dem Markt hinter dem Minckeleers-Denkmal in die „Boschstraat" hinein. Man passiert die Matthiaskirche (frühes 14. Jahrhundert) und entdeckt viele schöne Häuser mit Giebelsteinen. Besonders auffallend ein langgestrecktes weißes Gebäude mit schmiedeeisernen Balkonen und Fensterläden, das sogenannte „Refugie"-Haus. Einst eine Zufluchtsstätte für Ordensleute, die in Klöstern außerhalb der Stadt lebten und in unsicheren Zeiten hier Obdach fanden. Auf der anderen Straßenseite ein weiterer historisch interessanter Bau. Hier befand sich im 19. Jahrhundert das weit über Maastricht hinaus berühmte „Hôtel du Lévrier", ein First-Class-Hotel der Postkutschenzeit, von dem der deutsche Dichter Hoffmann von Fallersleben in seinen Lebenserinnerungen schwärmt und in dem der russische Zar Alexander ebenso logierte wie Baron Rothschild. Am Ende der Straße gelangt man in ein anderes Kapitel Maastrichter Geschichte und kann sich die Epoche der Frühindustrialisierung vor Augen führen. Hier steht auf der linken Straßenseite der weiße Fabrikkoloss der „Sphinx Keramik", das Traditionsunternehmen der Stadt, in dem ganze Generationen geschuftet haben, Tag und Nacht und – wie überall im 19. Jahrhundert – mit Beschäftigung von Kindern.

Der Unternehmer Petrus Regout legte hier in den 30er-Jahren des 19. Jahrhunderts den Grundstein für seine Keramikfabrik, ein Imperium, das später zu einem der weltweit größten Unternehmen dieser Branche werden sollte. Nachdem Maastricht durch den belgischen Aufstand von 1830 jahrelang in ein politisches Abseits geraten und vom Rest des Landes abgeschnitten war, hieß es in der Folgezeit, den wirtschaftlichen Anschluss wiederzufinden. Regout startete durch. Versorgte sich mit den neuesten Produktionsmitteln und entwickelte in schneller Abfolge unterschiedliche Industriezweige. Glas, Kristall, Gas waren die Erzeugnisse, aber vor allem Keramik. Nirgendwo in den Niederlanden boomte in diesen Jahren die industrielle Entwicklung so wie in Maastricht. Den neuen Kanal, die „Zuid-Willemsvaart", der Maastricht nicht nur mit den nördlichen Seehäfen, sondern auch mit dem Lütticher Industriebecken verband, machte Regout für seine Zwecke noch effektiver, indem er das „Bassin" anlegte. Nun konnten die großen Mengen Steinkohle, die zur Produktion benötigt wurden, buchstäblich bis vor die Haustür geliefert werden. Zwischen 1840 und 1860 entstanden rund um das „Bassin" neue Fabriken und zahlreiche Lagerhäuser. Zeitweilig war der Hafen so voll, dass die Schiffe auf der „Zuid-Willemsvaart" auf die Einfahrt warten mussten.

Das „Bassin", Maastrichts einstiger Industriehafen

Hinter dem neuen Wohnviertel präsentiert sich heute das alte Industriebecken an der nördlichen Stadteinfahrt idyllisch als Yachthafen. Das größte noch erhaltene Gebäude am „Bassin" ist das „Veemgebouw" von 1860, ein hohes Speicherhaus, in dem nun Studentenwohnungen untergebracht sind.

Unten am Wasser gibt es ein ausgezeichnetes Restaurant für Fischspezialitäten, „Le Bon Bassin", in dem eine gute Bouillabaisse auf der Speisekarte steht, aber auch Fleischgerichte angeboten werden. Für die Rückkehr in die Innenstadt empfiehlt sich alternativ nun der Weg entlang der Maas.

Künftig wird es im Stadtteil „Belvédère", der hinter dem „Bassin" beginnt und bis an die belgische Grenze reicht, bedeutsame Veränderungen geben. Auf einer Fläche von 250 ha erfährt Maastricht dann hier eine neue Ausbreitung. Altes Industriegelände und Brachland sollen attraktivem Raum zum Wohnen und Arbeiten weichen, die teilweise hügelige Bodengestalt wird die geplanten riesigen Erholungsareale besonders reizvoll machen. Man darf gespannt sein.

Wohnen wie ein König …

Petrus Regout und Kasteel Vaeshartelt

Rund um Maastrichts alten Industriehafen ist noch ein Hauch der frühindustriellen Zeit spürbar. Aber über die Wohn- und Lebensverhältnisse der in der Keramikindustrie Beschäftigten, der „pottemannekes“, geben nur noch historische Dokumente Auskunft.

Petrus Regout, Begründer von Maastrichts Keramikindustrie. Sie haben ihn nicht geliebt in seiner Stadt und es gab selbst 1965 noch heftige Kontroversen, als man ihm ein Denkmal setzte.

So weiß man, dass der Keramikfabrikant Regout 1863 eine „Cité Ouvrière“ errichten ließ, ein siebenstöckiges Haus für seine Arbeiter und deren Familien. „Mensenpakhuis“ (pakhuis= Lagerhaus) nannte man den Bau, der für eine (meist große) Familie jeweils ein Zimmer vorsah.
Die „sozialen Errungenschaften“ des Hauses: Ein Wasserhahn pro Etage und ein integriertes Leichenhaus, damit die Zimmerbewohner nicht mit einem Toten das Bett teilen mussten, bevor dieser abgeholt wurde. Das „mensenpakhuis“ existiert nicht mehr.
Wohnideal und Lebensstil des Mannes, der „Chef“ von Tausenden dieser Arbeiter war, lässt sich jedoch noch gut studieren, wenn man dorthin fährt, wo er Jahrzehnte seines Lebens verbracht hat, nach „Kasteel Vaeshartelt“ am nordöstlichen Rand von Maastricht (über die Noorderbrug links ab N 586 Richtung Rothem/Meerssen).

„Kasteel Vaeshartelt“ existierte als Landgut zwar schon im Spätmittelalter. Aber es war Maastrichts erster Großindustrieller, eben Petrus Regout, der aus dem

Landgut ein Schloss machte. Und das hatte für den Mann aus einfachen Verhälnissen eine schier schwindelerregende Vorgeschichte. Anlässlich eines Besuchs von Maastricht im Jahr 1841 besichtigte König Willem II. auch den Regout-Betrieb. Beim „small talk“ mit Petrus Regout äußerte der Monarch den Wunsch, in der Nähe von Maastricht ein Landgut zu erwerben. Und er bat den Industriellen, ihm bei der Suche nach einem geeigneten Objekt

Kasteel Vaeshartelt und sein verwunschener Park

behilflich zu sein. Schon wenige Wochen später konnte der zum königlichen „Immobilienbeschaffer“ avancierte Regout Willem II. Vaeshartelt präsentieren. Das ehemals bescheidene Landgut wurde nun „royal“ umgebaut. Leider machte der König bis zu seinem Tod 1848 nur ganze zwei Mal Gebrauch von seiner Sommerresidenz.

1851 erwarb Regout das Anwesen für sich selbst. Die königliche Aura, die dort noch zu spüren war, wird er als den kostbarsten Besitz empfunden und in vollen Zügen genossen haben. Der „selfmademan“ Regout hat zeit seines Lebens nach gesellschaftlichem Aufstieg gehungert. In diesem Schloss nahmen nun all seine diesbezüglichen Träume konkrete Gestalt an. Die heillose architektonische Überfrachtung von Gebäuden und Außenanlagen zeugte von der Vehemenz dieses Aufstiegsverlangens.

Technischer Aufwand und Kosten spielten keine Rolle. Da musste sogar eine Dampfmaschine installiert werden, um die komplizierte Wasserversorgung der vielen Fontänen im Park sicherzustellen. Die beauftragten Architekten werden möglicherweise ziemlich gelitten haben, die Ideen Regouts auszuführen. Denn die zeugten zwar von sagenhaftem Reichtum, aber mitunter auch von sagenhaft schlechtem Geschmack. „Typisch neureich“, würde man heute sagen. Es bleibt eine Tragik in Regouts erfolgreichem Leben, dass er 1878 in seiner „königlichen Residenz“ stirbt, ohne richtig dazugehört zu haben. Das Statussymbol hat er besessen, den begehrten Adelstitel jedoch nicht.

Nach der Regout-Ära wechselte Vaeshartelt oftmals Besitzer und Zweckbestimmung. Heute präsentiert sich das Anwesen als moderner Hotelbetrieb. Die alte Pracht und Herrlichkeit ist aber durchaus noch erkennbar, vor allem im weitläufigen Parkgelände.

Erreichbar ist Vaeshartelt über die N 586 Richtung Rothem/Meerssen, nach ca. 3 km links „Kasteel Vaeshartelt“.

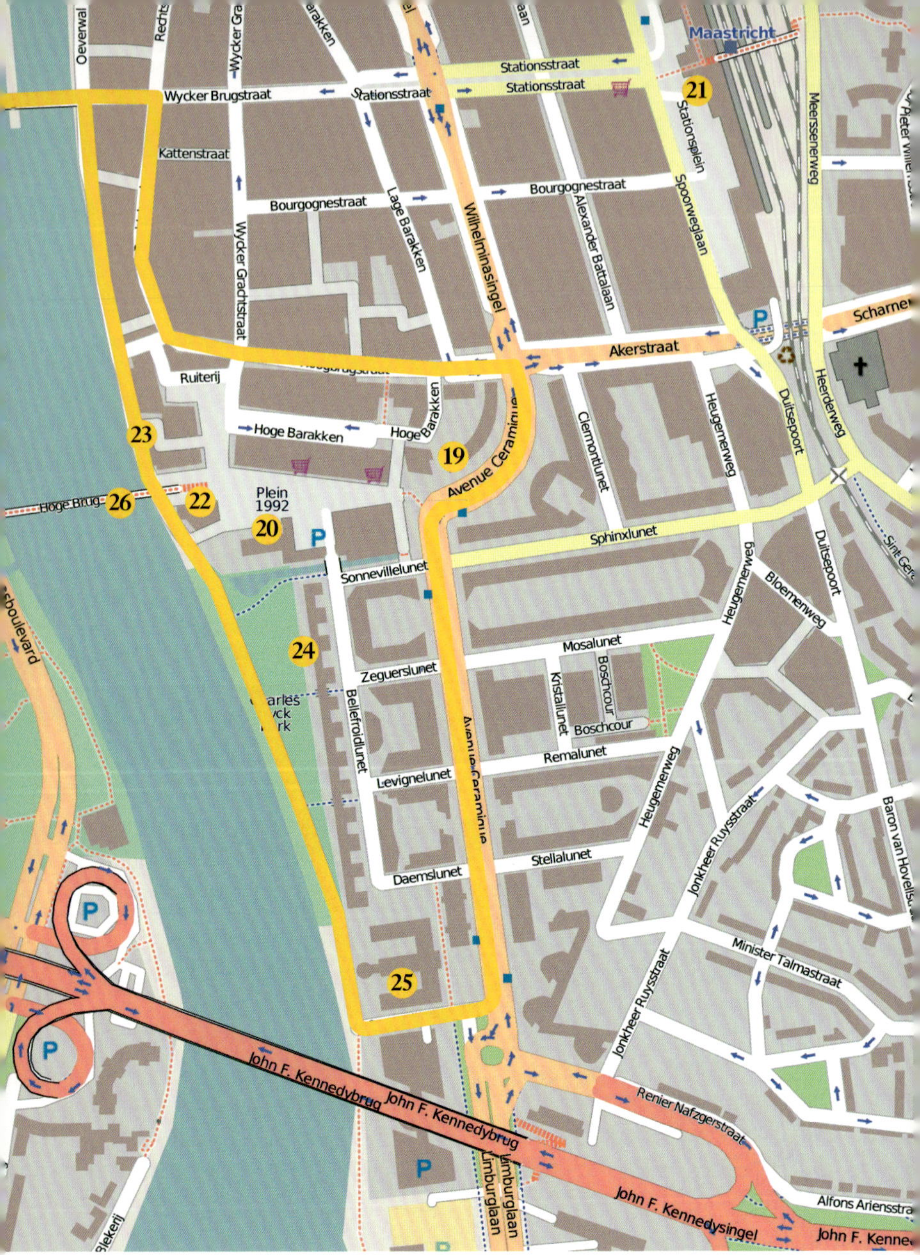

Stadtplanauszug Wyck und Céramique

19 Centre Céramique
20 Witte Villa und Derlon-Theater
21 Bahnhof
22 Maaspunt-Turm
23 Waterpoortje
24 Wohnanlage „Stoa"
25 Bonnefantenmuseum
26 Hoge Brug (Fußgängerbrücke)

Unsere Route führt uns vom Markt durch das „Mosae Forum" hinaus auf den Maasboulevard. Wir passieren die barocke ehemalige Augustinerkirche und erreichen die älteste Brücke der Stadt, die Servatiusbrücke. Heißgeliebt von den Maastrichtern und ein wahrlich geschichtsträchtiger Ort. „Mosae Traiectum"-Übergang über die Maas, damit hat schließlich alles begonnen vor 2000 Jahren. Natürlich ist die heutige Brücke nicht mehr die aus der Römerzeit (allerdings befinden sich noch antike Brückenreste auf dem Flussgrund), aber es scheint, dass seit der 1. Maasbrücke in antiker Zeit hier ohne Unterbrechung eine Flussüberquerung existiert hat. Sie brachte Zolleinnahmen, aber auch Unterhaltskosten. Im Jahr 1275 stürzte sie – so ist überliefert – bei einer Prozession ein. Danach baute man eine neue Brücke, diesmal aus Stein. Bis ins 19. Jahrhundert jedoch behielt die Brücke einen Bogen aus Holz, aus strategischen Gründen, damit man bei Angriffen den Übergang schnell unterbrechen konnte. Im Zweiten Weltkrieg wurde die Servaas-Brücke zweimal schwer zerstört, aber bereits 1947 feierten die Maastrichter die Wiederherstellung ihrer „Aw Brögk", wie sie liebevoll genannt wird. Erst seit 1932 gab es mit der Wilhelminabrücke eine

zweite Flussüberquerung. Von der Brückenmitte hat man nicht nur einen schönen Blick auf die Altstadtsilhouette, sondern auch nach Süden, wo sich die an und in die Maas gebaute Provinzregierung abzeichnet, die Zinkhelmkuppel des Bonnefantenmuseums und der Sint-Pietersberg.

Auch auf der östlichen Uferseite ist Maastricht verführerisch schön: Der Stadtteil Wyck mit seiner Martinuskirche.

Auf der linken Uferseite erwartet uns Maastrichts Stadtteil Wyck. Einst wichtiger Brückenkopf, jahrhundertelang Zentrum von Handwerk und Handel und auch heute ein quicklebendiges Altstadtquartier mit bilderbuchschönen Häusern in den Straßen und Gassen und einem hochklassigen Angebot von Fachgeschäften, Galerien und gastronomischen Betrieben.

Für unsere kleine Route durch Wyck bieten sich zwei alternative Wege. Der erste folgt einer der schönsten Straßen des Stadtteils und vielleicht von Maastricht überhaupt, der „Rechtstraat", der zweite führt direkt am Maasufer entlang und ist besonders reizvoll im Licht der Abendsonne. Für diesen Uferpromenaden-Weg biegen wir gleich hinter der Servatiusbrücke rechts ab auf den „Stenenwal". Hier begegnet man Resten der mittelalterlichen

Befestigungsanlagen, die es auch auf dieser Flussseite gab, dem „Maaspunt"-Turm und dem „Waterpoortje". Es heißt, dass auf der Wycker Seite einst die Schiffe aus den Ardennen ankamen mit den Bausteinen, die in Aachen zur Errichtung der Pfalzkapelle Karls des Großen gebraucht wurden. Ab Wyck gelangten sie dann auf dem Landweg in die Kaiserstadt. Bis zur Niederlegung der mittelalterlichen Festung blieb Wyck eingeklemmt zwischen Maas und Stadtmauergürtel.

Wir setzen unseren Weg auf dem „Stenenwal" fort und erleben, wenn wir die modernen Bauten des „Plein 1992" erreichen, einen jähen Kulissenwechsel.

Der „Maaspunt"-Turm, rekonstruiertes Rondell der mittelalterlichen ersten Wycker Stadtmauer.

von Galerien und feinen kleinen Läden. Chic, kreativ, familiär-gemütlich und so wohltuend anders als die landläufigen Geschäftsstraßen, die jeder kennt. In der Regel trifft man hier mehr Einheimische als Touristen.

Das „Sint-Gilleshofje" in der Hoogbrugstraat 37 hat im Lauf seiner langen Geschichte wechselnde Zweckbestimmungen gekannt. Einst eine Pilgerherberge, zwischendurch auch mal ein militärischer Wachtposten, später eine Unterkunft für alte Damen.

Die andere Route von der Servatiusbrücke bis zu diesem modernen Platz lässt mehr von der Atmosphäre im Stadtteil Wyck erfahren. Dazu geht man von der Brücke zunächst ein paar Schritte geradeaus in die „Wycker Brugstraat" und biegt dann gleich nach rechts ab in die „Rechtstraat".

Hier findet sich in ziemlich konzentrierter Form alles, womit Wyck prunken kann: Prächtige Häuser aus dem 17. und 18. Jahrhundert, herrliche Giebelsteine und eine spannende Auswahl

Gastro-Tipps

- **Les Marolles**
  Rechtstraat 88
  Wunderschönes Ambiente. Tolle Lammgerichte

- **Mediterrano**
  Rechtstraat 73
  Italienische Spitzenküche. Spezialitäten: Fisch, Meeresfrüchte, Trüffel

- **'t Pakhoes**
  Waterpoort 4-6
  Hochkarätige Küche, stilvoll in ehemaligem Lagerhaus

- **Café 't Pruuske**
  Hoogbrugstraat 9
  Gemütliche alte Kneipe, die einem ihrer Vorbesitzer, einem gebürtigen Deutschen, ihren Namen verdankt

- **Restaurant Gaudel's**
  Rechtstraat 12
  Elsässisch-gemütlich

- **Café Ipanema**
  Avenue Céramique 250
  Restaurant beim Bonnefantenmuseum mit großer Terrasse an der Maas

- **Coffielovers**
  Plein 1992
  Das Café von Maastrichts Traditionskaffeerösterei „Blanche Dael". Kaffee in allen erdenklichen Zubereitungsformen, aber auch andere Getränke und eine Auswahl von Gebäck und kleinen Snacks. Es gibt in der Stadt noch weitere „Coffielovers"-Filialen, u.a. in der Buchhandlung in der alten Dominikanerkirche.

- **John Mullins International Pub & Restaurant**
  Wycker Brugstraat 50
  Bekannt nicht nur wegen des Guiness oder der großen Whisky-Auswahl, sondern auch für gute Küche und Live-Musik

Besonders Familienfreundlich

Friture Royale
Spoorweglaan 1 (gegenüber vom Bahnhof)
Belgische Küche, die mehr bietet als „fritten", Frischgegrilltes zum Beispiel oder Muscheln. Gutes Preis-Leistungs-Verhältnis. Familienfreundliche Atmosphäre, Kinder dürfen auch schon mal den Klavierdeckel aufklappen, ...

Bier in Maastricht

Nach 145 Jahren Präsenz in Maastricht hörte man 1970 im charakteristischen alten „De Ridder-Hochhaus" an der Maas auf, das helle Wycker Bier zu brauen. Aber Bier ist noch stets ein äußerst gefragtes „Lebensmittel" in der Stadt. Und damit man nicht nur auf den an anderen südlimburgischen Orten gebrauten Gerstensaft angewiesen ist, hat sich inzwischen in der Brauerei „De Keyser" eine Initiative zum Ziel gesetzt, die „burgundische Braukunst" hochzuhalten und beliebte Biersorten zu produzieren, wie z.B. das „Mestreechs Blónt" nach einem Rezept von 1881 oder das viel ausgeschenkte „Double Saison".

EINKAUFS-TIPPS

An jedem Donnerstagnachmittag findet in der „Stationstraat“ ein Bio-Bauernmarkt statt und samstags gibt es in dieser Straße einen großen Trödelmarkt. Unter den Bäumen dieses Boulevards und mit dem Französisch der wallonischen Besucher in den Ohren wähnt man sich dann fast in Paris.

Die Wycker Geschäftsleute sind stolz auf die große Palette sehr individueller und qualitativ anspruchsvoller Läden in ihrem Stadtteil. Selbst auf Entdeckungstour gehen, lohnt sich unbedingt. Hier nur eine kleine Auswahl:

DELIKATESSEN

- **Traiteur Finbec**
  Stationsstraat 42
  Im Angebot u.a. Kaninchen nach Maastrichter Art

- **Sjiek Kookpunt**
  Hoogbrugstraat 15
  Lunchen, Dinieren, Kaffee oder Wein trinken, die delikaten Dinge kaufen und zuhause genießen, hier kochen in geselliger Runde – im „Kookpunt“ ist das alles möglich.

- **Joosten fromages & vins**
  Wycker Brugstraat 43
  Riesenangebot internationaler Käsesorten, darunter auch der „berüchtigte“ Limburger Stinkkäse, „'t Rommedoeke“

- **Boutique du Salonard**
  Rechtstraat 104
  Knusprig warmes Brot – mit Nüssen, Oliven, getrockneten Tomaten …

SCHOKOLADE

- **Friandises Chocolatier**
  Wycker Brugstraat 55
  Selbst Bill Clinton und Ronald Reagan konnten hier nicht widerstehen.

Mode

- **Van Overeem Van Wissen**
  Stationsstraat 25
  Italienische Herrenmode vom Feinsten

- **Mi Pasión**
  Hoogbrugstraat 16
  Damenmode, Accessoires und Tanzschuhe. Ein Laden im Zeichen des Tango

Schmuck

- **Leon Martens**
  Stationsstraat 39 - 41
  Topgeschäft mit allen Edelmarken in den Vitrinen. Einer der führenden Juweliere in ganz Benelux

- **Pont d'Or**
  Rechtstraat 104
  Goldschmiede mit aparten Stücken

Kunst

- **Les Ateliers Rive Gauche**
  Rechtstraat 77a
  Restaurierung, Rahmung, Spezialgebiet: karthographische Blätter

- **Antiquariat & Galerie De Bovenste Plank**
  Rechtstraat 49
  Antiquarische Bücher, auch über Maastricht und Limburg, Kunst aus Limburg

- **Antiquariat Librairie Stille**
  Rechtstraat 85
  Bibliophile Ausgaben, Grafiken

Relativ „très petit" ist dieser hübsche Laden in der Rechtstraat 38 tatsächlich, aber groß ist sein Angebot an Dingen, die man schon immer für sein Heim haben wollte.

Wycks Hausfassaden sind besonders reich an Giebelsteinen.

Wir folgen dem Linksknick der „Rechtstraat“, befinden uns nun in der „Hoogbrugstraat“, einer weiteren alten Wycker Geschäftsstraße. Von dort geht es rechts durch die „Ruiterij“ hinüber zum „Plein 1992“, einer von den vier großen Plätzen der Stadt und – der Name zeigt es an – der allerjüngste. Hier stößt das alte Wyck an den neuen Stadtteil Céramique, der auf dem weitläufigen ehemaligen Fabriksgelände der Sphinx-Keramik-Société angelegt wurde. Unter Beteiligung namhafter europäischer Architekten hat der aus Limburg stammende ehemalige Reichsbaumeister und international tätige Städteplaner Jo Coenen maßgeblich das Gesicht des neuen Stadtteils geprägt. Seit Ende der 1980-er Jahre erhielt Céramique immer deutlichere Konturen.

Große Stadthäuser mit exklusiven Wohnungen säumen den „Plein 1992“. Verglichen mit den Altstadtplätzen Maastrichts geht es hier meist etwas ruhiger zu, noch zu unlebendig, sagen manche. Aber die Dynamik eines Ortes entfaltet sich langsam und entsteht nicht zeitgleich mit der Fertigstellung der Gebäude.

Der markante Bau am Fuß des Treppenaufgangs zur Fußgängerbrücke, das „Centre Céramique“, beherbergt neben dem Gemeindearchiv die Stadtbibliothek und ist darüber hinaus ein kultureller Veranstaltungsort. Man kann hier (internationale) Zeitungen lesen, Kaffee trinken oder einfach die offene Architektur des Hauses genießen und die phantastische Aussicht auf die gegenüber-

Alt und neu - im modernen Gebäude speist man im Sterne-Restaurant, in der „Bordenhal“, einer ehemaligen Fabrikhalle, wird heute Theater gespielt. Bis ins frühe 20. Jahrhundert pinselten dort die Beschäftigten der Keramikfabrik Muster auf Tassen und Teller.

liegende Altstadt. Frei zugänglich und sehr interessant ist die Dauerausstellung einer Keramiksammlung mit Erzeugnissen aus verschiedenen Epochen.

Mit der Neugestaltung und -bebauung des alten Fabrikgeländes ist den Maastrichtern ein neues Stück Innenstadt geschenkt worden. Und das nicht nur in Form von Plätzen, Straßen und Häusern, sondern auch mit Erholungsarealen an der Maas. Hinter dem „Centre Céramique“ ist solch ein attraktives Gebiet entstanden. Die „Witte Villa“ (mit dem Sterne-Restaurant Beluga) und das in einem ehemaligen Keramikwerk ansässige „Derlon-Theater“ bilden einen reizvollen Kontrast in einer kunstvoll gestalteten Umgebung. Historisches und Modernes fließen ineinander, Stadtmauerteile, grachtenähnliche Wasserläufe und ein Weiher schaffen eine unverwechselbare Atmosphäre. Von der Terrasse des Theater-Cafés kann man den Blick über das Gelände des Charles-Eyck-Parks schweifen lassen, der vom „Centre Céramique“ bis zum Bonnefantenmuseum reicht. Deutlich spürbar hier überall die Handschrift von Architekt Jo Coenen, dem wichtig ist, dass es in einer Stadt genügend Architektur-Elemente gibt, die keine andere Funktion haben als „schön“ zu sein.

Das Bonnefantenmuseum

Dekoratives, „Überflüssiges“ statt blanker Funktionalität. Diesen Grundsatz hat Maastricht schon immer beherzigt und zu der Schönheit werden lassen, die viele auswärtige Städtebauer vor Neid erblassen lässt.

Auf Hochhausbauten wurde in „Céramique“ verzichtet. Stattdessen orientierte sich das Konzept an den Wohnanlagen und Boulevards der großen europäischen Metropolen des 19. Jahrhunderts und sah eine weitläufige, strengen Linien und Achsen folgende Bebauung vor.

1995 setzte der inzwischen verstorbene italienische Stararchitekt Aldo Rossi mit dem eigenwilligen Bau des Bonnefantenmuseums einen besonderen Akzent auf dem linken Maasufer. Blickfang ist der bullige Kuppelbau (Spitzname „Rakete“) mit dem Zinkhelm.
Er steht vor dem mittleren Trakt, der das Gesamtgebäude in die Form eines E bringt. Drinnen führt eine 35m lange Treppenstraße in die einzelnen Museumsabteilungen. Neben aktuellen Ausstellungen bietet das Haus u.a. Archäologie, Sammlungen Alter Niederländischer und Italienischer Meister, zeitgenössische Kunst und Kupferstiche.

Vom Bonnefantenmuseum aus kann man der „Avenue Céramique“ folgend weiter bis zum „gouvernement“ gehen, der modernen „Burg“ an und in der Maas, Sitz der limburgischen Provinzregierung. Hier wurde 1992 der Gründungsvertrag zur Europäischen Union unterzeichnet. Das architektonisch interessante und mit Kunstwerken reich ausgestattete Gebäude ist zu besichtigen.

Auch für die „Fortezza" des Architekten Mario Botta wurde der in „Céramique" dominierende Ziegelstein verwendet, ansonsten ist die kreisrunde Wohnburg architektonisch eher eine Ausnahme im neuen Stadtteil, der sich durch eine eckige Blockarchitektur auszeichnet. Wie bei der, vom Schweizer Luigi Snozzi konzipierten „Stoa"-Wohnanlage, die auf 300 m Länge das Maasufer säumt.

„Maastricht ist mehr eine europäische als eine holländische Stadt“

Ein Gespräch mit Jo Coenen

Jo Coenen, gebürtiger Limburger, ist ein international arbeitender Architekt und Städteplaner mit Lehraufträgen an mehreren Universitäten. In Maastricht tragen vor allem der neue Stadtteil „Céramique“ sowie die Umgestaltung des Marktes und die Universitätsplanungen die Handschrift Coenens.

Ich treffe ihn in seinem Büro in Maastricht, in einem der großen Céramique-Stadthäuser. Es überrascht mich, dass er mich zuallererst fragt: „Was bringen Sie in Ihrem Buch über die Geschichte von Maastricht?“ Wir rekapitulieren gemeinsam im Zeitraffer die wichtigsten Stationen der Stadtgeschichte und erst nach einer Weile kommt das Thema „Céramique“ auf den Tisch.

„Es ist ungewöhnlich“, beginne ich, „dass eine alte Stadt in relativ kurzer Zeit einen kompletten neuen Stadtteil verpasst bekommt.“

Coenen: „‘Verpasst’ ist nicht das richtige Wort.“ Und dann erzählt er die 10jährige Entstehungsgeschichte von „Céramique“ und ich stelle am Ende fest, dass meine Wortwahl tatsächlich nicht angemessen war.

In den frühen 1980er-Jahren wurde das alte Industriegelände auf der linken Maasseite aufgegeben. Die Fabrikgebäude des Sphinx-Keramikwerks verschwanden bis auf die „Wibengahal“ (heute Teil des Bonnefantenmuseums) und die „Bordenhal“ (heute Derlontheater).

Ein riesiges brachliegendes Industrieterrain – Herausforderung für Architekten und solche, die es werden wollen. „Heute“, so der Hochschullehrer Coenen, „fangen große Bauprojekte überall in Europa oft so an, dass Architekturstudenten Entwürfe erarbeiten. Vor 40 Jahren waren das in aller Regel einzelne Gebäude, für die Gestaltungsideen vorgelegt wurden, nun sind es vor allem die alten Industriegelände aus dem 19. Jahrhundert.“ Auch Coenen, damals Professor an der Technischen Universität Karlsruhe, ließ seine Studenten Pläne für Maastrichts altes Industriegebiet machen. „Gleichzeitig“, so erzählt er, „legten aber auch amerikanische Architekten, die auf der Suche nach Arbeit waren, der Stadt fertige Pläne vor und sagten ‘Morgen können wir anfangen’“. Doch die Geschichte von „Céramique“ ging anders weiter. Ein großer niederländischer Investor trat ins Spiel und bot sich als Käufer für das Gelände an. Die Stadt, die natürlich schon begehrlich auf das zentrumsnahe Gebiet blickte, kam als Partner hinzu und das „Dutch Model“ war geboren. Coenen: „Dieses Modell, inzwischen international bekannt unter dem Begriff ‘Public Private Partnership’, die Koalition von öffentlicher Hand und privatem Investor, wurde damals hier zum ersten Mal positiv erprobt. Niemand hatte Erfahrung damit. Mittlerweile kommen Leute aus aller Welt nach hier, um dieses Modell zu studieren“. Die Stadt Maastricht und der private Investor traten 1987 an Jo Coenen heran und baten ihn um einen Plan. Gerade mal vier Monate Zeit blieben für erste Zeichnungen, ein erstes Modell. „Dann“, so Coenen, „hat man mir die Zeichnungen geradezu frisch vom Tisch genommen, um sie noch am gleichen Tag in Den Haag vorzulegen“. Es musste so schnell gehen, da es um die Zusage von staatlichen Geldern ging und dafür gab es noch andere Bewerber in den Niederlanden. „Alles war genau geplant“, erinnert sich Coenen, „und lief unter der sehr guten Regie von Stadtplanungsdirektor Smeets.“ Noch am Abend des gleichen Tages wurde das Projekt in den Abendnachrichten des niederländischen Fernsehens präsentiert. Dann stand die Finanzierung. Vieles war zu diesem Zeitpunkt noch unklar. Das Hauptinteresse bestand in der Schaffung von möglichst vielen Wohnungen und Büros. Coenen und die Stadt wünschten sich einen neuen Stadtteil „mit Kultur“. Und natürlich waren die üblichen Auflagen der Stadt zu berücksichtigen; von der Verkehrsführung bis zur Kanalisation reichen solche Konstanten. Coenen: „Das ist ein superrealistischer Prozess, ganz pragmatisch, so wie Holland ist, da bleibt kein Platz für Träume“. Coenen erhält von der Stadt den Auftrag, mit dem „Centre Céramique“ im neuen Stadtteil der Kultur ein Haus bauen. „Um das Pragmatische etwas zu verzaubern“, sagt er. Der Kampf mit so vielen Reglementierungen und jeder Menge Unklarheiten – macht das die Kreativität eigentlich nicht kaputt, will ich von ihm wissen. „Darüber sollte man erst gar nicht nachdenken“, antwortet Coenen entschieden und man spürt, welches Maß an Gestaltungskraft und Eigensinn dieser Mann besitzt.

Er setzte sich noch mit einer anderen Idee durch, die prägend werden sollte für das Gesicht des neuen Stadtviertels. Projektentwickler und Bauunternehmer plädierten für niederländische Architekten. Coenens Vorschlag, namhafte ausländische Kollegen ins Boot zu holen, stieß zunächst auf Ablehnung. „Aber Maastricht ist mehr eine europäische als eine holländische Stadt“, sagt Coenen und er machte mit den Auftraggebern Exkursionen, um ihnen zu zeigen, wie aktuelle Stadtarchitektur aussieht, in Italien, der Schweiz, in Spanien und auch in Deutschland. Schließlich gab es grünes Licht für die ungewöhnliche europäische Architekten-Allianz. Coenen: „Auch wenn die ausländischen Kollegen schnell den Druck der Geldgeber zu spüren bekamen, alle hatten Lust auf dieses Experiment. Meine Funktion änderte sich damals. Ich wurde vom Masterplanner zum Supervisor. Wir haben hier einen workshop gebildet.“ Mit Aldo Rossi, den er der limburgischen Provinzregierung als Architekten für das neue Museum vorschlug, lief Coenen wochenlang durch Maastricht; Rossi hatte stets ein Skizzenbuch in der Hand, zeichnete Stadtmotive. „Ich habe hier Kongresse organisiert“, erzählt er, „um Rossi und seine Arbeiten vorzustellen“. Der inzwischen verstorbene große Mailänder Architekt erhielt schließlich den Auftrag für ein weiteres Haus der Kultur auf dem östlichen Maasufer, das 1995 fertiggestellte Bonnefantenmuseum. „Es war mir wichtig“, erläutert Coenen, „dass die ausländischen Kollegen das Besondere an Maastricht, seine ‘DNA’ kennenlernten. Am Anfang ist das für Ausländer nicht gleich fühlbar. Man muss das langsam entdecken.“ Was immer sie gespürt haben mögen von der Eigentümlichkeit Maastrichts, Coenens europäische Kollegen entschieden sich dann doch für ein sehr „holländisches“ Baumaterial.

Gefragt, warum „Céramique“ vom roten Ziegelstein dominiert wird, erzählt Coenen: „Ich habe den Kollegen gesagt: ‘Ihr könnt wählen. Was wollt Ihr für einen Baustein?’ Einer nach dem anderen meinte: ‘In Holland baut man mit Ziegelstein’. ‘Okay, hab ich gesagt, dann wird es rot.’“.

Über 20 Jahre sind vergangen, seit die ersten Planungen für „Céramique“ begannen. Coenen resümiert: Heute ist„Céramique ein Teil für sich geworden. Es kann für sich sprechen.“ Aber er merkt auch kritisch an: „Der Plein 1992, der vierte große Platz in der Innenstadt, muss mit mehr Leben erfüllt werden. Es braucht große Kulturveranstaltungen, so wie sie sich auf den alten Plätzen der Stadt etabliert haben.“ Er gibt jedoch auch zu bedenken: „Städtebau ist etwas anderers als Häuserbau.“ Es ist nicht gleich alles fertig. „Es muss einregnen“, so formuliert es Coenen.

Und noch etwas ist dem Städteplaner wichtig. „Was ich gelernt habe“, sagt er, „ist, dass auch die alte Substanz sich verändert, wenn man etwas Neues schafft in einer Stadt.“ Coenen spricht gern von „Transformation“. „Wenn ich etwas mache, muss es verändert werden können. Alles muss sich transformieren lassen.“ So ist es schließlich auch den Städten in der Geschichte immer wieder ergangen: Aus Alt wurde neu, aus den Steinen niedergerissener Mauern entstanden neue Bauten.

„Wichtig ist“, sagt Coenen, „Veränderungen zu schaffen mit Kenntnis des Alten“. Wer in die Physiognomie einer Stadt eingreifen will, muss deren Gang durch die Zeit studieren. Coenen: „Es gibt moderne Architekten, die sagen, das ist vorbei, das ist Vergangenheit. Aber für mich ist Geschichte nicht Ballast, sondern ungeheuer wichtig.“ Spätestens jetzt wird mir klar, warum wir das Gespräch über „Céramique“ mit einem Blick auf Maastrichts Stadtgeschichte begonnen haben.

„Restauration“, „Modifikation“ „Intervention“, „Transformation“ – diese Begriffe bezeichnen nicht nur Coenens neuen Lehrstuhl in Delft, sondern markieren seine Ideen von urbaner Architektur. Und von diesen Ideen kann man hoffentlich noch viel erwarten – nicht nur in Maastricht.

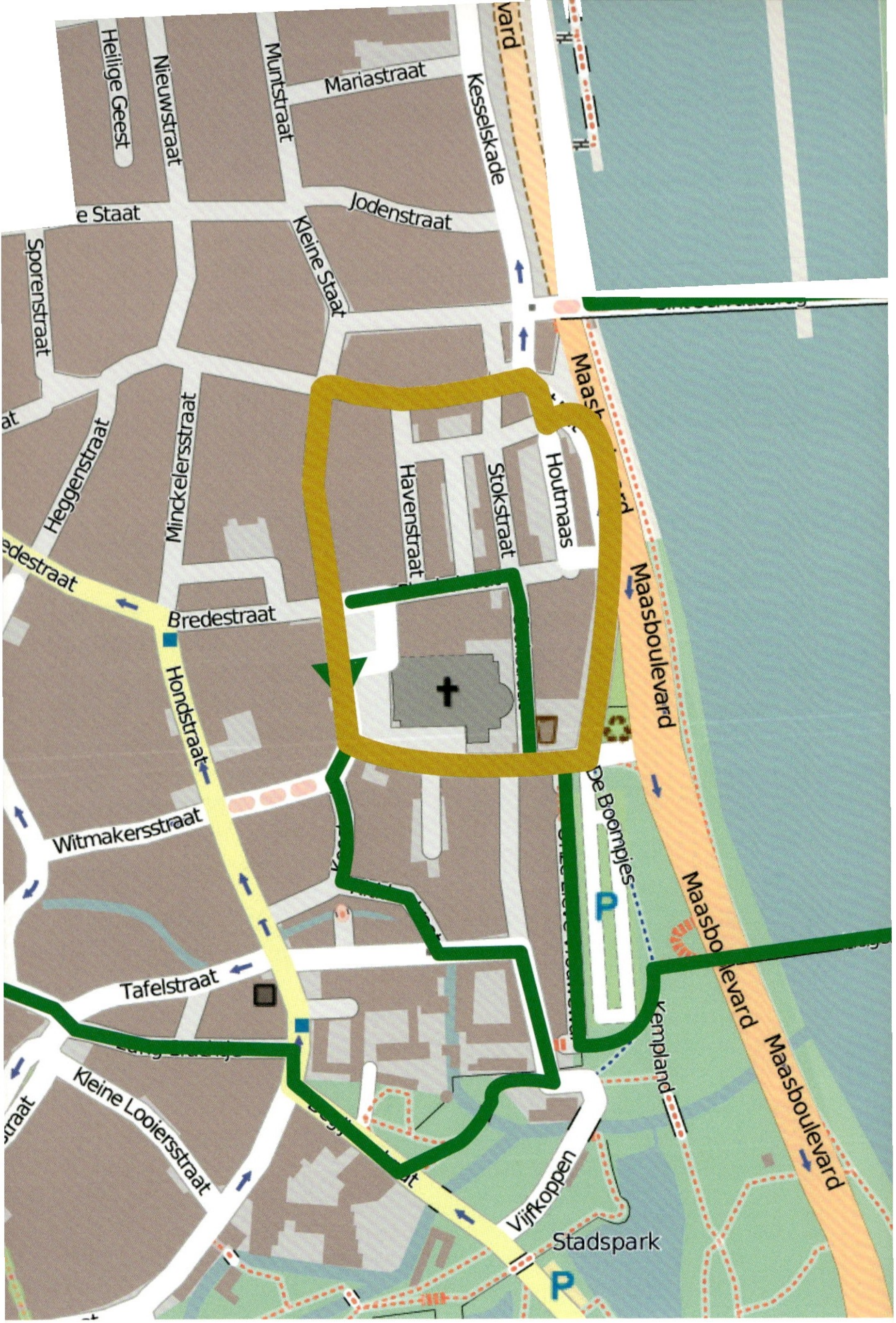

Stadtplanauszug
Stokstraat-Viertel

Vom „Plein 1992“ kehren wir „in hohem Bogen“ zurück auf die rechte Altstadtseite. Die „Hoge Brug“ (mit Aufzug), Maastrichts neueste Brücke, ist reserviert für Fußgänger und Radfahrer und schwingt sich elegant von Ufer zu Ufer.

Durch die Grünanlage vor dem „Onze-Lieve-Vrouwe-Wal“ nähern wir uns der Liebfrauenkirche von hinten und erreichen den „Graanmarkt“. Mit schönem Blick auf den Ostchor der Basilika geht es ganz sanft hinauf in die „Stokstraat“. Man befindet sich hier im Kerngebiet der einstigen römischen Siedlung. Die „Stokstraat“ hat spannend und bemerkenswert kontrastreich Geschichte geschrieben. Bereits im Mittelalter herrschte im „Stokstraatquartier“ reges Leben. Kleriker, wohlhabende Bürger und Handwerker bestimmten die Szene. Und als man sich an der Maas von den Entbehrungen des 80-jährigen Krieges wieder zu erholen begann, errichteten Kaufleute, Brauerei- und Reedereibesitzer in der „Stokstraat“ stolze Bürgerhäuser, die vom wirtschaftlichen Aufschwung zeugten. Die „Stokstraat“ blieb eine bevorzugte Wohnadresse, bis gegen Ende des 19. Jahrhunderts die Reichen der Stadt neue Villen außerhalb der mittelalterlichen Stadtmauer bauten. Damit wurde der allmähliche Verfall der Straße eingeläutet. Sie verkam in der Folgezeit zu einem anrüchigen Hafenviertel, in dem Prostitution, Schmuggelei und soziales Elend zuhause waren. Bereits 1940 entwickelte die Stadt Sanierungspläne für das Problemgebiet. Eine ins Auge gefasste Radikallösung, die den Abbruch der Häuser vorsah, wurde glücklicherweise wieder verworfen. Besonnene Denkmalpfleger setzten sich schließlich mit einem anderen Konzept durch: Soviel Bausubstanz wie möglich erhalten und ansonsten behutsam rekonstruieren. In einer nicht unumstrittenen Umsiedlungsaktion mussten die Bewohner ihre Häuser verlassen und man ging daran, aus dem „sozialen Brennpunkt“ wieder eine „bürgerlich anständige“ Straße zu machen.

Im feinen Stokstraatviertel

Ziel nachhaltig erreicht – möchte man den Stadtvätern von einst bescheinigen.

Vielleicht ist man bei der Sanierung ja sogar ein wenig über das Ziel hinausgeschossen. Jedenfalls präsentiert sich die lange Altstadtmeile mitsamt ihrer quer- und parallellaufenden Sträßchen heute als Maastrichts mondänstes Stadtviertel.

Und das liegt nicht nur an den exklusiven Geschäften der internationalen Mode- und Schmuckdesigner, die hinter den edlen alten Hausfassaden ihre teure Ware verkaufen. Der mitunter etwas penetrante Charme des Stokstraatquartierts ist vor allem das Ergebnis der sehr entschlossen und penibel durchgeführten Restaurierung und Verschönerung, die man dem Viertel angedeihen ließ. Wie ein Schönheitschirurg ging man stellenweise dabei zu Werke und „transplantierte“ ganze Gebäudeteile. Wie z.B. beim Haus Nr. 17. Die Louis XV-Fassade, vor der man heute steht, gehörte ursprünglich zu einem Gebäude, das an der „Grote Staat“ dem Kaufhaus „Vroom&Dreesman“ Platz machen musste. Hier wurde nichts dem Zufall überlassen und das Alte derart herausgeputzt, dass soviel Noblesse mitunter fast kulissenhaft wirkt. Fast zu schön, um wahr zu sein. Aber die Maastrichter sind stolz auf ihre chicen „straatjes“. Und die Besucher der Stadt? Auch wenn nicht alle ihr Geld unbedingt in der „Stokstraat“ ausgeben, so werden sie doch magisch angezogen vom eleganten Flair dieses Viertels. „Hier fühl ich mich ganz weit weg von zuhause“, sagt eine deutsche Tagestouristin, „hier liegt schon ein bisschen Paris in der Luft.“ „Aber der Kuchen ist in Maastricht besser als in Paris“, ergänzt ihr Begleiter lachend, „und man findet auch etwas leichter einen Parkplatz.“ Maastricht braucht keine Vergleiche zu scheuen …

Wir verlassen das Stokstraatviertel, indem wir uns von der Maasseite weg bewegen. Durch die „Plankstraat“ erreichen wir auf kürzestem Wege wieder unseren Ausgangspunkt, den „Onze-Lieve-Vrouwe-Plein“.

Einkaufs-Tipps

Die Modeläden im Stokstraatviertel sind nahezu ausnahmslos im oberen Qualitäts- und Preissegment angesiedelt.

Bekannte Adressen sind

Juwelier Leon Martens
Stokstraat 24

De Avelingh
Stokstraat 47
Spezialisiert auf alten Schmuck

Kiki Niesten
Stokstraat 28-32
Große Modemarken, u.a. Prada

Style Suite
Stokstraat 35-37
Ein bisschen mehr „trendy“, u.a. Dolce & Gabanna

Shoes And Shirts
Havenstraat 23
Handgefertigte Herrenschuhe der italienischen Marke Bontoni, Schuhmacherkunst vom Feinsten

Aber es gibt nicht nur Mode in der Stokstraat:

Leon Salet
Plankstraat 7
Exquisite Glaskunst und Kristallobjekte

Blumensalon Frissen Pieters
Stokstraat 49

Pâtisserie und Boulangerie Jean-Pierre
Plankstraat 11-13
Köstlichkeiten eines belgischen Meisterkonditors

Gastro-Tipps

‘t Plenske
Plankstraat 6
Anspruchsvolle Küche; Blick auf römische Thermen

Rozemarijn
Havenstraat 19
Ein Haus, das zu Maastrichts Spitzenrestaurants zählt; modernes Ambiente

La Bonne Femme
Graanmarkt 1
Gute Küche zu erschwinglichen Preisen; gemütlich mit Terrasse zur Maasseite.

Grand-Café D’Artagnan
Graanmarkt 3
Mit schöner Terrasse im Schatten von „Onze-Lieve-Vrouw“ und Blick in die Stokstraat.

Einkaufs-Tipps

- **Blanche Dael**
  Wolfstraat 28 Nicht versäumen sollte man in der Wolfstraat 28 einen Besuch bei „Blanche Dael“, Einkaufsmekka für Kaffee- und Teegenießer, aber auch Liebhaber von Nüssen und Honigkuchen. Hier wird frisch geröstet und gebrannt und der Duft beim Betreten des Ladens ist fast schon vergnügungssteuerpflichtig.

Gastro-Tipps

Sjinkerie De Bobbel
Wolfstraat 32
Atmosphäre zwischen holländischem „braunen Café“ und Jugendstil-Kaffeehaus. Musikfrei – hier soll man Zeitung lesen und sich in Ruhe unterhalten können. Übrigens ist „Sjinkerie“ ein Dialektwort und bedeutet soviel wie „Ausschank“.

Besonders Familienfreundlich

- **Au Mouton Blanc**
  Kersenmarkt 10
  Gut für eine Stärkung zwischendurch, populär, familienfreundlich

Routenvariante 4

BUMMELN DURCH DIE HAVENSTRAAT BIS ZUR WOLFSTRAAT

Wir können aber auch noch durch die hübsche „Havenstraat" bummeln und landen am Ende in der „Maastrichter Smedenstraat". Oder aber wir folgen der „Stokstraat" bis zum Ende und biegen bei der Servatiusbrücke nach links in die breite und immer sehr belebte „Maastrichter Brugstraat" ab. Sowohl von der „Maastrichter Smedenstraat" als auch von der „Maastrichter Brugstraat" geht es jeweils am Ende nach links in die Straße, die zunächst „Kersenmarkt", dann „Wolfstraat" heißt. Der gesamte Bereich ist Fußgängerzone und große und kleine Geschäfte gibt es auf Schritt und Tritt. Am Ende der schmalen und quirligen „Wolfstraat" erreichen wir wieder den Startpunkt unseres Stadtrundgangs.

Der Blick öffnet sich auf den Platz mit der hoch aufragenden Mauer der Kirchen-Burg. Ende der „shopping-area" und aller Konsumentenhektik. Die Augen können sich erholen. Zumindest in der kälteren Jahreszeit, wenn es ruhig ist unter den alten Bäumen und der Platz nicht den Restaurant-Terrassen, sondern in erster Linie sich selbst gehört.

Touren in Maastrichts Umgebung

Auch wenn dem Besucher von Maastricht so schnell nicht langweilig werden wird – vermutlich hat er bereits bei der Anfahrt bemerkt, dass die Stadt von verheißungsvoller Landschaft umgeben ist. Und die lockt mit weiteren kulturellen Highlights und rundum mit herrlicher Natur. Wandern und Radeln sind hier angesagte Fortbewegungsweisen. Im Norden von Maastricht ist das Land überwiegend „holländisch" und wasserreich, südlich und östlich der Stadt, am Rand von Ardennen und Eifel, erstreckt sich das „heuvelland", Limburgs grüne Hügel, mit malerischen Dörfern und einer Fülle von Schlössern. Und dann profitiert der Maastricht-Besucher von der Nähe zu Belgien. Flandern mit sehenswerten alten Städten liegt ebenso vor Maastrichts Haustür wie die Wallonie.

Die im folgenden aufgezeigten sechs Touren haben ihren Ausgangspunkt alle in Maastricht bzw. in unmittelbarer Umgebung der Stadt. Bis auf die Städtetouren nach Lüttich, Tongeren und Hasselt lassen sich alle Routen gut mit dem Fahrrad zurücklegen.

Die knappen Tourenbeschreibungen verstehen sich dabei jedoch nur als Anregung und ersetzen nicht eine detailliertere Routenplanung. Hinweise auf entsprechendes Kartenmaterial für das ausgezeichnete Radwegenetz in der gesamten Region finden sich im Serviceteil dieses Buches.

Die Kilometerangaben zu den Touren beziehen sich – außer beim Ausflug 2 – jeweils auf die einfache Strecke vom Startpunkt bis zum weitestentfernten Zielort.

Ausflug 1

Wandern unter- und überirdisch

Der Sint Pietersberg

Er liegt so nah beim Zentrum, dass er eigentlich Bestandteil der Stadtbesichtigung ist. Auf jeden Fall bestimmt der Sint Pietersberg Maastrichts Stadtsilhouette und verheißt dem Pflastertreter unten in den Straßen, dass es in allernächster Nähe auch noch ganz anderes zu erleben gibt. Mehr, als der ahnungslose Maastricht-Besucher auf den ersten Blick vermuten mag.

Die „Grotten" des Sint Pietersberg. Im strengen Sinne sind es keine Grotten, sondern von Menschen geschaffene Höhlengänge, „Fund"-Gruben für Geologen und Paläontologen, hochinteressant für Biologen und Historiker - und spannend für jeden Besucher.

Das kilometerlange Kalksteinplateau zwischen den Tälern von Maas und Jeker ist zwar als Naturschutzgebiet ein wunderbares Wanderrevier und Heimat von Dachs, Fuchs, Uhu und vielen anderen Tieren. Aber die mehr als 120.000 Menschen, die pro Jahr den Weg aus der Stadt hinauf zum Sint Pietersberg finden, haben meist eine ganz bestimmte Wanderung im Sinn. Und die liegt „unter Tage". Eine warme Jacke braucht man daher auch zur Sommerzeit für den ca. einstündigen Grottenspaziergang, denn es ist nicht nur dunkel in den Gängen des Sint Pietersbergs, sondern mit max. 9° bis 10° auch ziemlich kühl.

Durch den jahrhundertelangen Abbau des Kalksteins sind – wie auch andernorts in Süd-Limburg – im Inneren des Bergs riesige Höhlen- und Gängesysteme entstanden. Früher maßen diese Gänge einmal eine Gesamtlänge von 250 km. Mittlerweile sind von den einst 20.000 Gängen noch ca. 6.000 übrig geblieben. Winterquartier für unzählige Fledermäuse. Bereits die Römer nutzten den einheimischen hellen Mergelstein als Baumaterial. Man nimmt an, dass er damals im Tagebau gewonnen wurde. Als die Maastrichter im Mittelalter für Stadtmauer, Kirchenbauten und neue, brandsichere Wohnhäuser aus Stein viel Baumaterial benötigten, begann die lange Geschichte des Untertagebaus im Sint Pietersberg. Durch Schächte, aber vor allem mit Pferd und Wagen wurden die Steinblöcke herausgebracht. Mühsame und lebensgefährliche Arbeit für die „blokbrekers", die sich im Auftrag privater Exploitanten immer neue Gänge schaffend in den Berg hineingruben und -sägten.

Das verzweigte Gängesystem machte den ohnehin strategisch wichtigen Sint Pietersberg mit dem gleichnamigen Fort für die zahlreichen Belagerer und Angreifer Maastrichts auf besondere Weise interessant. 1570 ließ sich der spanische Herzog Alba die Zonneberg-Grotten zeigen. Und die Franzosen waren es, die 1748 eine erste Karte des Gängesystems anfertigten. Napoleon wird bei seinem Besuch im Jahr 1803 (er hat wie viele andere „Promis" der Geschichte seinen Namenszug auf eine Grottenwand gesetzt) vermutlich auch mehr über die strategischen Möglichkeiten einer solchen Untergrundwelt sinniert haben als über die Schönheit des Mergelsteins. Ganz sicher aber hat er selbstzufrieden an das sensationelle Beutestück gedacht, das die Franzosen wenige Jahre zuvor von Maastricht nach Paris gebracht hatten, das berühmte Mosasaurus-Fossil, das hier aus dem Sint Pietersberg stammt. Für die Wissenschaft der Paläon-

Als Baumaterial vor 400 Jahren so begehrt wie heute: Der mit seinem hellen Gelb warm wirkende Mergelstein.

tologie war und ist das, was von Menschen hier freigelegt wurde, in höchstem Maße interessant. Vom spektakulären Maasechsen Fund im 18.Jahrhundert bis zum 66 Millionen Jahre alten Mosasaurus-Skelett, das erst 1998 ans Tageslicht kam und im Maastrichter Naturhistorischen Museum einen besonderen Platz erhielt.

In den „Grotten Noord" des Sint Pietersberg

Geologisch stammt der hiesige Kalkstein aus der sogenannten Kreidezeit am Übergang zum Tertiär und ist das Produkt mit Sand vermischter und später versteinerter Reste von Lebewesen, die in den Meeren der Kreidezeit lebten, darunter eben auch Verwandte der Dinosaurier. Ein regelrechter Meeresfriedhof ist es demnach, durch den man spaziert.

Auch heute ist der Sint Pietersberg nicht ausschließlich Touristenziel. Das Geschäft mit dem gelben Sandstein dort gehört nicht endgültig der Vergangenheit an. Seit 1926 gibt es das „ENCI"-Werk (*E*erste *N*ederlandse *C*ement *I*ndustrie), das hier im Tagebau in einer 125 ha großen Grube Kalkstein abbaut und zu Zement verarbeitet. Für Paläontologen eine ambivalente Sache, da einerseits durch den Abbau ständig neue Fossilien entdeckt, andererseits bei der Verarbeitung auch Funde zerstört werden.

Im Jahr 2018 soll Schluss sein mit der industriellen Kalksteingewinnung, wie sie bisher betrieben wurde. Ein aktuell in Kraft getretener Umgestaltungsplan sieht vor, Schritt für Schritt der Natur auf dem Sint Pietersberg wieder mehr Raum zu geben.

Auch wenn der Grottenbesucher in den Gängen des Sint Pietersbergs nicht selbst auf Fossilfunde stoßen wird, es ist eindrucksvoll, durch die bizarren Steinformationen zu wandern, die stellenweise wie von Künstlerhand bearbeitet wirken. Verstärkt wird dieser Eindruck durch die zahlreichen Zeichnungen und Inschriften auf den Mergelwänden.

Steine klopfen gehen …

Wer sich selbst einmal ein bisschen als „blokbreker" versuchen und etwas vom „gelben Gold" loshacken möchte, sollte einen Ausflug zur Tagebaugrube „'t Rooth" machen, in der Gemeinde Margraten, wenige Kilometer von Maastricht entfernt. Dort wird Mergel für industrielle Zwecke und zur Düngemittelherstellung gewonnen. Aber samstags darf man dort in der wild zerklüfteten „Fels"-Landschaft herumklettern und die vielen Gelb-, Gold- und Ockertöne ganz aus der Nähe studieren. Und wer besonders viel Glück hat und mit entsprechendem Handwerkszeug angereist ist, stößt vielleicht auf ein Stück Gestein mit einem Seeigel- oder Schneckenfossil darin.

Zu erreichen ist die „Groeve't Rooth" von Maastricht aus über die Kennedybrücke Richtung Vaals/Aachen, die N 278. In der Ortschaft Cadier en Keer folgt man nach der ersten Abzweigung nach links (Schild: Bemelen), fährt geradeaus und biegt an der nächsten Gabelung nach rechts ab.

Besonders in den „Grotten Zonneberg" gibt es eine Menge Holzkohlezeichnungen und Skulpturen zu sehen. Sogar eine Reproduktion von Rembrandts „Nachtwache". Die war allerdings auch im Original schon einmal im Sint Pietersberg. Im Zweiten Weltkrieg, als man neben anderen Kunstwerken u.a. dieses berühmte Gemälde hier ins Versteck brachte.

An Kriegszeiten wird man auch in den „Grotten Noord" erinnert. Im 18. Jahrhundert brachten sich hier die Bewohner des nahegelegenen Dorfs Sint Pieter vor den Franzosen in Sicherheit.

Ein markanter Punkt auf dem Sint Pietersberg, die Ruine Lichtenberg. Die mittelalterliche Burg mit Fundamenten aus dem 10. Jahrhundert wurde 1672 zerstört, aber der „Donjon" steht noch und bietet eine tolle Aussicht ins Maastal. Der gesamte Komplex wird zur Zeit umgestaltet.

Sie taten das mit all ihrem Hab und Gut, also auch mit ihrem Vieh. So finden sich in den Stein gehauene Futtertröge, auch ein Backofen ist zu erkennen. Im Zweiten Weltkrieg gingen hier wiederum Menschen ins unterirdische Versteck, bevor die Amerikaner Maastricht befreiten. Im „Zonneberg" hatte man alles für eine Massen-Evakuierung vorbereitet und elektrische Beleuchtung, Lautsprecher- und Trinkwasseranlagen installiert.

Da die südlichsten Gängesysteme bis auf belgisches Grundgebiet reichen, ermöglichte das nicht nur gewöhnlichen Schmugglern das schnelle Entkommen über die Grenze, sondern rettete im Zweiten Weltkrieg so manchem britischen und amerikanischen Soldaten das Leben.

Fort Sint Pieter

Das „Fort Sint Pieter", 1701/02 erbaut. Eindrucksvolles Symbol einer Stadt, an der sich die Feinde die Zähne ausbissen und die über Jahrhunderte als eine der stärksten Festungen Europas galt. Noch 1794 brauchten die französischen Revolutionstruppen 44 lange Tage, um Maastricht endlich in die Knie zu zwingen. Das Fort diente aber nicht nur als erstes Bollwerk gegen Angriffe, sondern wurde – einmal erobert – zur Operationsbasis für den Feind. Eine Führung durch die erst kürzlich restaurierte und drinnen und draußen wieder zugänglich gemachte Festungsanlage ist ein Ausflug in militärisch-strategische Gedankenwelten.

Militär-Architektur

Und noch mehr Militärarchitektur in der ehemaligen Garnisonsstadt Maastricht. Nordwestlich vom Stadtkern erstreckt sich entlang des Stadtgürtels, dem „Statensingel“, eine weitere, 15ha große Befestigungsanlage, die sogenannten „Hogen Fronten“. Der Komplex, der wie eine bucklige Graslandschaft aussieht, entstand zwischen 1773 und 1777 und besteht aus einem System von Gräben und Bastionen mit unterirdischen Gängen. „Linie van Du Moulin“ wird die Anlage auch nach ihrem Erbauer genannt, einem französischen Militärarchitekten. Er wirkte hier im Auftrag der Oranier, die den Bastionen so schöne Namen gaben wie „Statthalter“, „Erbprinz“ oder „Prins Frederik“. Heute ist das Gelände der „Hogen Fronten“ eine friedliche Naturlandschaft, wenige Minuten vom „Vrijthof“ entfernt und verfügt auf seinem nördlichen Teil über Maastrichts größten innerstädtischen Spielplatz, den „Speeltuin Fort Willem“.

Ausflug 2

Wo Jeker und Maas französisch werden

Rundfahrt Maastricht-Visé-Maastricht (ca. 42 km)

Es fasziniert jedesmal aufs Neue, wenn man aus dem Stadtgewühl, dem großen Kreisel am „Tongerse Plein", linkerhand abbiegt Richtung Kanne und augenblicklich in gänzlich andere Gefilde gerät. Als ob man auf der schmalen Landstraße geradewegs in eine Urlaubsidylle hineinfährt. Alsbald werden Rebhänge sichtbar und schließlich, wo das Flüsschen Jeker auf das Schönste mäandert, setzt das barocke „Château Neerkanne" den glanzvollen Schlusspunkt im niederländischen Teil des anmutigen Tals.

Der Servatiusbrunnen im Jekertal an der Stelle, wo nach der Legende Bischof Servatius auf seinem Weg nach Maastricht Wasser aus der Erde schlug für seine durstigen Begleiter.

„Château Neerkanne" über dem Jekertal

Erbaut wurde das Schloss 1698 vom deutschstämmigen Baron Van Dopff, der in Diensten der niederländischen Generalstaaten als Militäringenieur eine beachtliche Karriere machte. Auf seine Initiative entstand auch das „Fort Sint Pieter" auf dem gleichnamigen Berg. „Château Neerkanne" war Landsitz von Van Dopff, auf dem er u.a. den russischen Zaren Peter den Großen empfing. Das Meisterwerk barocker Gebäude- und Gartenarchitektur in französischem Stil ist in den vergangenen Jahrzehnten vom heutigen Besitzer Camille Oostwegel sorgfältig nach alten Plänen restauriert worden.

Auf dem Cannerberg hinter dem Schloss und dem angrenzenden „Milleniumbos" (ein zur Jahrtausendwende 2000 angelegter Wald) lässt sich wunderbar wandern.

Das Fort Eben-Emael

Ab dem schmucken belgischen Dorf Kanne heißt die Jeker nun „Geer" und man stößt schließlich auf den Albertkanal. Für eine kürzere Radtour kann man auf der linken Kanalseite bis zur Landspitze fahren, sich dann nach links wenden, die Schleuse von Ternaaien passieren und entlang der Maas unterhalb des Sint Pietersbergs wieder zurück nach Maastricht fahren. Diese kleine Rundfahrt beträgt ungefähr 20 km.

Man kann die Fahrt per Auto oder Rad aber auch von Kanne weiter nach Eben-Emael fortsetzen.

Hier erinnert das berühmte Fort, das während des Zweiten Weltkriegs als eines der stärksten Forts in Europa galt, an traurige Zeiten. Errichtet, um die Einfallswege von Maastricht und Visé zu schützen, gibt es in der Anlage noch immer 17 Bunker und eine unterirdische Kaserne für 1200 Soldaten.

Hinunter nach Lanaye geht es über eine regelrechte Serpentinenstraße, die interessante Ausblicke gewährt auf den Albertkanal und die Maas mit der niederländischen Ortschaft Eysden. Auch hier bietet das Naturschutzgebiet des Sint Pietersbergs, der hier „Montagne Saint Pierre" heißt, endlose Wandermöglichkeiten. Man folgt der Straße nach Lixhe mit schöner alter Kirche und gelangt schließlich ins Maasstädtchen Visé.

Das Rathaus von Visé im Stil der Maaslandrenaissance wurde 1914 von den Deutschen in Brand gesetzt, der heutige rekonstruierte Bau stammt von 1925.

„Entschleunigtes“ Leben in Eysden an der „Meuse“ (Maas) im südlichsten Zipfel der Niederlande.

Dort können Radler von der im Zentrum gelegenen Maasbrücke aus einem 3 km langen touristischen Weg entlang des Flusses folgen bis zur „Porte d'Argenteau“. Vom frankophonen Visé sind es nur noch knapp 20 km bis nach Lüttich, für Autofahrer über die Autobahn E 25 ein Katzensprung.

Der Ausflügler, der nicht über Visé hinaus will, wählt dort für den Rückweg nach Maastricht die Route über Moelingen (mit interessanter Pfarrkirche). Folgt er in Moelingen der „Rue de Mesch“ gelangt er vor dem gleichnamigen Dorf wieder in die Niederlande. Mesch liegt äußerst idyllisch und besitzt neben einer mächtigen alten Mühle eine wunderbare Kirche, deren Anfänge ins 10. Jahrhundert reichen. Von Mesch geht es hinüber an die Maas nach Eysden, ein Städtchen, nur sechs km von Maastricht entfernt, aber mit sehr traditionsreichem Eigenleben.

Es lohnt sich, über die Pflasterstraßen des malerischen alten Ortskerns zu bummeln, hinunter zum „Bat“, wie der Maas-Quai hier heißt.

Von Eysden führt die Route vorbei am Wandergebiet „Eysder Beemden“ und dem Freibad „Oost-Maarland“ geradewegs wieder Richtung Maastricht. Man passiert das auf einer Landzunge in der Maas gelegene „Kasteel Hoogenweerth“, den Jachthafen „Pietersplas“ und gelangt beim „gouvernement“, der Limburgischen Provinzregierung, zurück in die Innenstadt.

Von der Eysdener „Spauwenstraat“ führen romantische Gässchen, die alle „Batsteeg“ heißen, hinunter an die Maas.

LÜTTICH - „CITÉ ARDENTE“, DIE „GLÜHENDE STADT“

Die alte wallonische Maasmetropole Lüttich, von jeher politisch, wirtschaftlich und kulturell eng mit Maastricht verbunden, hat in den letzten Jahren enorm an Attraktivität gewonnen.

Hier residierten über Jahrhunderte die Mitregenten von Maastricht, Lüttichs Fürstbischöfe.

Das neue Museum Grand Curtius, der vom spanischen Architekten Calatrava entworfene Bahnhof „Guillemins“, wunderbare alte Kirchen und Palais – all das allein lohnt einen Besuch dieser dynamischen Stadt, die sich anschickt, für die Ausrichtung der Weltausstellung 2017 zu kandidieren. Publikumsmagnet in Lüttich ist nach wie vor der legendäre sonntägliche Markt auf der „Batte“, am Maasufer.

Lüttichs futuristischer Bahnhof, in dem auch die TGV's, die Hochgeschwindigkeitszüge, nach Frankreich Halt machen.

Aber auch die Fülle der Geschäfte zieht viele Besucher an. In kulinarischer Hinsicht setzte Lüttich schon immer Maßstäbe in der gesamten Region; nicht verwunderlich, dass genau hier 1604 ein Buch erschien mit dem schönen Titel „Ouverture de la Cuisine“, das erste Kochbuch Europas. Und dann ist da noch das Georges Simenon-Fluidum in der Stadt. Fans des großen, in Lüttich geborenen Romanciers können auf einer geführten Stadtwanderung seinen Spuren folgen.

Die triste Industriestadt Lüttich ist Vergangenheit.

Ausflug 3

Schlösser, Fachwerk, sanfte Hügel

Von Meerssen nach Vaals (ca. 30 km)

Diese Route führt entlang der Hügel durchs grüne Herz Südlimburgs. Einige hier als Zwischenziel betrachtete Orte wie etwa das „Ingendael"-Gebiet mit Sint-Gerlach oder Valkenburg und das „Gerendal" eignen sich bestens auch als Endpunkt eines Tagesausflugs von Maastricht aus.

Startpunkt ist Meerssen. Erreichbar von Maastricht entweder über die A 2, Abfahrt Meerssen oder die N 586 (vom Zentrum aus nach der „Noorderbrug" links).

Im Jahr 870 machte Meerssen Geschichte. Damals wurde die karolingische Pfalz Schauplatz eines historisch folgenreichen „meetings". Der „Vertrag von Meerssen" legte die Aufteilung des Fränkischen Reiches zwischen Ludwig dem Deutschen und Karl dem Kahlen fest.
Im 13. Jahrhundert ließen die hier ansässigen Benediktiner die Kirche bauen, deren Größe überrascht, wenn man den ansonsten dörflich anmutenden Marktplatz betritt.

Meerssens gotische Basilika

„Perle der Maasgotik" wird die „Basilika vom Heiligen Sakrament" genannt; besonders kostbar darin das 12 Meter hohe Sakramentshaus. Nach dem Besuch der Kirche empfiehlt sich ein Spaziergang durch den angrenzenden Propsteigarten, ein verträumter Ort mit Weiher und Teehäuschen.

Von Meerssen aus geht es durch das Geultal Richtung Valkenburg. In der Ortschaft Houthem folgen wir dem Hinweis auf das „Château Sint-Gerlach".

Château Sint-Gerlach

Der heutige Hotelkomplex liegt in einer weiten Wiesenaue, dem „Ingendael“, wo die Naturschutzorganisation „Limburgs Landschap“ ein neues Naturentwicklungsterrain angelegt hat mit einem wunderschönen Rundwanderweg auf beiden Uferseiten der Geul. Und in dieser Auenlandschaft stößt man auf eines der landesweit wichtigsten Restaurierungsprojekte der 90er-Jahre, das Landgut Sint-Gerlach. Nach dem Tod seines letzten adligen Besitzers im Jahr 1979 drohte das Schloss, früher einmal Kloster der Prämonstratenserinnen, mitsamt den zahlreichen Nebengebäuden zu verfallen. Schließlich konnte der Limburger Hotelier Camille Oostwegel das Anwesen erwerben und eröffnete nach grundlegender Restaurierung darin ein Hotel mit großzügigen Wellness-Einrichtungen. Sein besonderes Ambiente verdankt das Anwesen nicht allein der paradiesischen Lage, sondern auch der Sint-Gerlachus-Wallfahrtstradition an diesem Ort. Unmittelbar neben dem „Château“ steht die St. Gerlachuskirche. Gerlachus, der mittelalterliche Ritter, der zum Einsiedler wurde und hier nach der Überlieferung in einer hohlen Eiche lebte, hat seine Grabstätte in dieser Kirche. Die Kirche stellt kunsthistorisch eine Rarität in den Niederlanden dar: Barocke Pracht im Inneren mit Freskenzyklen des bayrischen Hofmalers Johann Adam Schöpf.

Der Pachthof von 1759 auf Sint-Gerlach, ein Gebäude, das nicht mehr als einen Bauernhof beherbergen sollte, aber aussieht wie ein Schloss, erbaut nach Plänen des berühmten Aachener Baumeisters Joh. Joseph Couven.

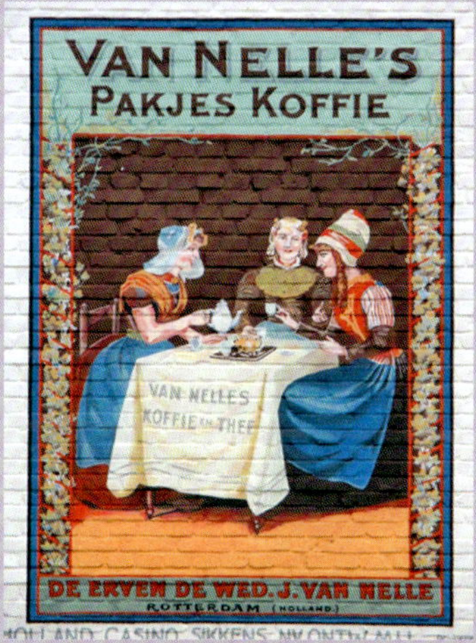

Viel Nostalgie in Valkenburg

Im Hotel will man bewusst auf die Gerlachus-Tradition verweisen und hat eine Gerlachusschatzkammer eingerichtet und eine neue Kapelle gestaltet, die dem „Hausheiligen“ geweiht ist.

Im Naturgebiet „Ingendael“ kann man ausgedehnte Wanderungen unternehmen und auf der anderen Seite der Geul hinauf in den Wald wandern. Bis nach Valkenburg kann man laufen oder in westlicher Richtung nach Geulhem, ein besonders idyllischer Flecken unterhalb des Hügelrückens mit vielen Einkehrmöglichkeiten.

Unsere nächste Station, Valkenburg, ist eine kleine Stadt mit großer touristischer Tradition und hohem Bekanntheitsgrad.

Cafés, Gaststätten aller Couleur und Souvenirläden säumen die oft proppenvollen Sträßchen, aber es lässt sich abseits der touristischen Pilgermeilen viel Schönes entdecken in diesem Ort, dessen Ruine Überbleibsel der einzigen Höhenburg der Niederlande ist. Valkenburg pflegt in jüngster Zeit verstärkt sein Image als Kurort. Immerhin gibt es einen Kurpark, das Thermalbad „Thermae 2000“ und in dessen Nachbarschaft auf dem Cauberg ein Spielcasino.

Die Geul sorgt in Valkenburg für romantische Atmosphäre.

Wunderbar wandern lässt sich im „Geulpark", der unweit des Zentrums von Valkenburg, beim „Kasteel Oost", beginnt. Man kann von dort, immer der Geul folgend, zu einem weiteren Schloss laufen, dem märchenhaft gelegenen „Kasteel Schaloen".

Von Valkenburg folgt unsere Tour der N 595, vorbei an „Kasteel Schaloen" und Oud-Valkenburg, Urzelle des heutigen Valkenburg. Hinter der alten Kirche und den weißen Häusern und Höfen geht es kurz darauf rechts ab zu einem Parkplatz für Besucher des „Gerendals".
Wer gern durch geruhsame Wiesenlandschaften wandert, dem sei das „Gerendal" nachdrücklich empfohlen, besonders wenn im Frühsommer die Orchideen blühen.

Prächtige Alleen beim „Kasteel Schaloen"

Attraktionen

Valkenburg ist so reich an touristischen Attraktionen, dass hier nur die wichtigsten aufgelistet werden sollen. Weitere Informationen dazu finden sich im Serviceteil dieses Buches.

- Burgruine und Freizeitpark „Wilhelminatoren“ mit Sessellift und Sommerrodelbahn
- Grottenaquarium
- „Fluweelen“-Grotte und „Gemeente“-Grotte
- Bergwerk „Steenkolenmijn“
- Grottenbiken in der „Sibbergroeve“ (10 km-Mergelgrotten-Parcours für Mountainbiker)
- Märchenwald „Sprookjesbos“
- Freizeitpark „De Valkenier“ mit Dino-World
- Thermae 2000 (Wellness)

Nostalgietrip Erster Klasse

Versinken in den Polstern eines 1. Klasse-Waggons, das Geräusch einer schnaufenden Dampflok im Ohr, während Hügel, Dörfer und grasende Kühe vor dem Fenster vorbeiziehen. So beschaulich wie in Urgroßmutters Zeiten lässt sich durch Südlimburg reisen. Die Südlimburgische Dampfeisenbahngesellschaft

machts möglich. Ehrenamtlich betrieben verkehrt sie zwischen Kerkrade und Valkenburg und hat auch noch einen Schienenbus-Oldie im Einsatz. 12,5 km schönste Landschaftspanoramen auf der „miljoenelijn“ (Millionenlinie), deren Name historische Gründe hat. Als man nach langem verwaltungsrechtlichen und politischen Gerangel in den ersten Jahrzehnten des 20. Jahrhunderts endlich mit dem Streckenbau begann, explodierten die Kosten. Tunnels und Brücken waren anzulegen, der Boden im Kerkrader Bergbaugebiet musste stabilisiert werden. All das geriet so teuer, dass man für die gut 12 km lange Strecke bei der schwindelerregenden Summe von 12 Millionen Gulden landete. Eine Million Gulden pro Kilometer! Die Limburger schüttelten den Kopf und die Strecke hatte ihren Namen weg, „het miljoenelijntje“.

Für eine Fahrt kann man an jedem Haltepunkt zusteigen. Beginnt man in Kerkrade wird ein Kombiticket angeboten mit dortigen Freizeitattraktionen, dem Gaiapark-Zoo und dem Discovery Center Continium. Kombinieren lässt sich die Bahnfahrt auch mit dem Besuch von Bergwerk, Grotte und Ruine in Valkenburg; man kann von dort sogar per Bus nach Maastricht weiterfahren und noch eine Schiffstour auf der Maas unternehmen. Bei der „miljoenelijn“ ist vieles möglich.

Die nächste Ortschaft, Wijlre, bietet außer der großen Bierbrauerei Mühlrad-Romantik im „Doppelpack“. Etwas versteckt hinter Häusern liegt am Ende der engen Gasse „Molengats“ die alte Kornmühle mit zwei Wasserrädern.
In Wijlre nehmen wir Kurs auf das Klosterdorf Wittem, seit jeher Ziel der Wallfahrer zum hier verehrten Hl. Gerardus. Die Klostergemeinschaft hat sich zu einem Zentrum christlicher Spiritualiät entwickelt. Prunkstück der „Kirchenlandschaft“ mit ihren vielen sakralen Räumen ist die nach Plänen des westfälischen Baumeisters Joh. Conrad Schlaun gebaute barocke Klosterkirche.

Von Wittem geht es auf der N 278 weiter Richtung Vaals. An der Strecke liegen noch zwei weitere sakrale Sehenswürdigkeiten: Im Dörfchen Wahlwiller eine der ältesten Saalkirchen der Niederlande, St. Cunibertus, mit einem bemerkenswerten modernen Kreuzweg von Aad de Haas; anderthalb Kilometer weiter führt der Weg links hinauf zum Kloster „Benedictusberg“, eine Benediktinerabtei. Der Klosterbau stammt vom deutschen Kirchenarchitekten Dominikus Böhm, die 1968 errichtete Kirche von Joh. van der Laan, einem Benediktinermönch. Die eindrucksvolle Kirchenanlage mit Oberkirche und Krypta besticht durch Schlichtheit und Ruhe vermittelndes Gleichmaß an Formen und Farben. Sehenswert!

Vaals, das quirlige alte Grenzstädtchen, ist die letzte Station dieser Tour. Auch im Zeitalter der EU-Grenzenlosigkeit hängt hier immer noch ein Hauch von „Butter-Kaffee-Zigaretten-Tourismus“ in der Luft. Abseits des verkehrsreichen „Maastrichterlaan“ lohnt sich ein Bummel durch die rechts der Durchgangsstraße liegende Altstadt. Außerhalb des Ortes, Richtung Epen, liegt das Schloss „Vaalsbroek“ mit schönem Park und Wassermühle. Das Mausoleum im Park ist Grabstätte der Familie Clermont, Aachener Textilfabrikanten, die sich im 18. Jahrhundert in Vaals ansiedelten, dem Ort Wohlstand brachten und prachtvolle Gebäude hinterließen.

Hier logierte schon einmal die Deutsche Fußballnationalmannschaft: Kasteel Vaalsbroek

Bekannt ist Vaals vor allem durch den „Drielandenpunt“, das „Dreiländereck“, das sich höchste Erhebung der Niederlande rühmen kann: 322 m Meereshöhe. In Kürze übrigens werden die Limburger diesen „Höhenrekord“ wohl abgeben müssen. Dann nämlich, wenn einige Inseln der Niederländischen Antillen den Sonderstatus als „besondere Gemeinden“ der Niederlande erhalten und Mitglied der Europäischen Union werden. Der „Mount Scenery“ auf der Antilleninsel Saba wird künftig mit seinen 877 Metern dem Vaalser Berg den Rang ablaufen. Aber in Vaals gibt es deshalb keine Anzeichen von Nervosität. Die Insel in der Karibik ist weit weg, zu weit für einen Sonntagsausflug.

Viel fotografiert, aber nur symbolisch: Die Grenzsteine am „Drielandenpunt“, sie befinden sich alle noch auf niederländischem Territorium. Aber bis Belgien und Deutschland sind es tatsächlich nur ein paar Schritte.

Kinder haben am „Drielandenpunt“ besonders viel Spaß.

Der „Drielandenpunt“ mit seiner interessanten Geschichte wird eine Besonderheit bleiben und die Aussicht vom Turm mit dem garantierten „Dreiländerblick“ nichts von ihrem Reiz verlieren.

Die umliegenden riesigen Waldgebiete boten einst dem hier blühenden Schmuggel Schutz, heute laden sie zum Wandern ein. Und gibt es im Winter genügend Schnee, werden rund um den „Drielandenpunt“ die Loipen gespurt.

Die Fahrt zurück nach Maastricht kann über die N 278 via Gulpen erfolgen.

ALTERNATIV-STRECKE DURCHS „HEUVELLAND“

Wer weniger besichtigen möchte, sondern vor allem Landschaft genießen will, dem sei ein Teil der „Mergellandroute“ empfohlen. Mit Start beim Kloster Wittem geht die Fahrt nach Mechelen und Epen, ins Herz des limburgischen „heuvellands“. Von Epen folgt man den Schildern „Vaals“, fährt in Serpentinen durch den Wald und biegt im Tal beim „Kasteel Vaalsbroek“ nach links ab Richtung Holset. Von Holset erreicht man Vijlen, fährt von dort wieder zurück Richtung Mechelen und biegt dort vor der Kirche scharf nach rechts ab Richtung Partij/Gulpen. Nach wenigen Kilometern erreicht man wieder den Ausgangspunkt Wittem.

Ausflug 4

Links und rechts der Grenzmaas

Zweiländertour durchs Maastal von Borgharen nach Maaseik (ca. 34 km)

In Borgharen, wenige Kilometer nördlich von Maastricht, kann man diese Tour beginnen. Von dort fährt man in das Nachbardorf Itteren und folgt als Autofahrer der Straße, die zunächst nach Bunde und dann zum ersten Zwischenziel, Geulle, führt. Radfahrer stoßen hinter Itteren/Geneinde auf einen Radweg, der sie am Julianakanaal vorbei nach Geulle bringt. Einst floss hier die Geul in die Maas (heute liegt die Mündung etwas weiter südlich) und gab der Ortschaft ihren Namen. Das alte „Geulle Dorp“ erreicht man nach der Kanalüberquerung über eine Serpentinenstraße, die vom Deich hinunterführt. Das von einer Gracht umgebene „Kasteel Geulle“, eine Anlage aus dem Jahr 1620, und die vieltürmige Kirche, vor der man unter einer Linde ausruhen kann, sind markante Punkte in diesem verträumten alten Maasdorf.

Von (Neu-)Geulle geht es über Snijdersberg, Hussenberg, Catsop ins Städtchen Elsloo. Radler erreichen dieses Ziel, indem sie weiterhin dem Julianakanaal folgen. Um in den malerischen alten Kern von

Schloß Geulle

Elsloo zu gelangen, muss man den Ort von Ost nach West bis an die Terrasse über dem Maastal durchqueren. Dort findet sich in konzentrierter Form alles, womit Elsloo prunken kann: Eine hochgelegene schöne Kirche, eine Prachtkollektion alter maasländischer Häuser an der kopfsteingepflasterten „Dorpstraat“ und unten, am Fuß des Maasbergs, ein Schloss aus dem 17. Jahrhundert (heute Hotel-Restaurant) mit Botanischem Garten und weitläufigem Parkgelände.

Auch das alte Urmond, wie Geulle eingeklemmt zwischen Kanal und Maas, war früher ein Hafenort an der Maas. Seit Anlegung des Julianakanals (1925) hat die „Grenzmaas“ als Wasserweg für den Schiffsverkehr ausgedient; durch die Verbindung mit den Kanälen besitzt sie an etlichen Stellen nicht mehr die erforderliche Tiefe. Da nicht alle Schiffer katholisch waren, gab es in Urmond bereits 1658 eine protestantische Kirche. Auch hier wird dem Freund romantischer alter Dorfansichten einiges geboten.

Der folgende Ort, Berg, liegt unmittelbar an der Maas und besitzt eine Autofähre hinüber ins belgische Stokkem, ein altes Korbflechterstädtchen. Von hier aus kann man die Route auf zweierlei Weise fortsetzen.

Das Haus „De Schippersbeurs“ erinnert an Zeiten, als Elsloo ein wichtiger Ort für den Schiffsverkehr auf der Maas war.

Variante 1 ohne Maaseik

Wenn man die Tour nicht mit dem Besuch von Maaseik ausdehnen, sondern sich wieder Richtung Maastricht orientieren möchte, fährt man von Stokkem durch die Maasdörfchen Meeswijk und Leut, die bereits zur Gemeinde Maasmechelen gehören. Es lohnt sich einen Abstecher zum Gebiet der „Kasteeldomein Vilain XIII" zu machen mit ihrem weitläufigen Englischen Garten. Auch das Naturreservat „Maesbempder Greend-Mazenhoven", in dem es keinerlei vorgegebene Wege gibt und man querfeldein umherstreunen muss, ist äußerst besuchenswert. Hinter der Ortschaft Eisden fahren Radler an der schnurgeraden „Zuid-Willemsvaart" entlang bis Oud-Rekem. Autofahrer nehmen die N 78, passieren Maasmechelen und biegen in Rekem links ab zum Ortsteil Oud-Rekem.

Radwanderer können auch bereits in Geulle mit der Fußgänger- und Radlerfähre ins belgische Uikhoven übersetzen und sind von dort nach 1 km in Oud-Rekem. 2008 wurde Oud-Rekem zum schönsten Dorf Flanderns gekürt. In der freien Reichsherrlichkeit „Radekeim" bauten die Grafen von Aspremont-Lynden Ende des 16. Jahrhunderts ein prachtvolles Schloss. Die gesamte Ortschaft wurde für die Bediensteten der Fürsten „aufgemöbelt", was die Existenz der vielen repräsentativen Stadthäuser erklärt. Die „Sint-Pieter-Kerk" ist heute Museumskirche und dokumentiert auf vielfältige Weise die bewegte Geschichte Oud-Rekems. Sehenswert neben dem gesamten Ortsbild die Museums-Apotheke und die alte Destillerie Senden. Sonntags gibt es im Juli und August geführte Rundgänge, die auch den Besuch des Renaissance-Schlosses ermöglichen.

In seinen Ausmaßen größer als manches der berühmten französischen Loire-Schlösser: Das „Kasteel d'Aspremont-Lynden" in Oud-Rekem.

Variante 2 mit Maaseik

Von der Ortschaft Stokkem aus sind es nur noch gut 10 km bis nach Maaseik, ein altes (belgisch-) limburgisches Städtchen, das sich unbedingt lohnt näher kennenzulernen.

Prächtige Häuser, viele davon mit Fassaden im Stil der Maasland-Renaissance, säumen den riesigen Maaseiker Markt, dem schönsten von Belgien, wie es heißt. In der Mitte stehen die zwei Söhne der Stadt, auf die die Maaseiker besonders stolz sind, die Maler-Brüder Jan und Hubert van Eyck, u.a. unsterblich als Schöpfer des Genter Altares mit der berühmten Mitteltafel „Anbetung des mystischen Lammes“. In der „Capucijnenkerk“ in Maaseik kann man dieses Werk mit anderen Bildern der van Eycks in guten Reproduktionen betrachten.

Eine andere Kirche, die neo-klassizistische „Catharinenkerk“, birgt einen Schatz im Original: Das älteste Evangeliar der Beneluxländer, den „Codex Eyckensis“ aus dem 8. Jahrhundert. Und dann ist da noch die älteste Privatapotheke Belgiens, am Markt, hinter einer der Prachtfassaden. Derzeit wird dort restauriert, Museum und Kräutergarten bleiben jedoch geöffnet.

Im ehemaligen Ursulinenkloster, nahe beim Markt, befindet sich im John Selbachmuseum (Malerei von Renaissance bis Biedermeier) ein Puppen- und Spielzeugmuseum.

Aber Maaseik ist nicht gleich Museum. Die quicklebendige Stadt bietet schöne Flanier- und Einkaufsmeilen, eine bunte Palette von gastronomischen Betrieben und auf dem historischen Markt „limburgische Terrassenlandschaften“.

Der Weg zurück nach Maastricht – man kann noch einen kleinen Abstecher in die Wiege von Maaseik nach Aldeneik machen – führt über die N 78.

Prominente Maaseiker: Die Gebrüder van Eyck, die zu den führenden Vertretern der niederländisch-flämischen Malerschule des 15. Jahrhunderts zählen.

Ausflug 5

Maastrichts „kleine Schwester“

In die älteste Stadt Belgiens: Tongeren (ca. 20 km)

Sie haben in ihrer langen Geschichte vieles erlebt, was sie eng miteinander verbunden hat, die große Stadt an der Maas und das kleinere Tongeren in der Gartenlandschaft des Haspengaus. Beide sind Orte mit reicher römischer Vergangenheit, Maastrichts Stadtpatron zog vom ersten Bischofssitz Tongeren nach Maastricht und beide Städte standen bis zur Französischen Revolution unter der Regentschaft des Fürstbischofs von Lüttich. In der Zeit des belgischen Aufstands zogen es nicht wenige Maastrichter vor, ihre – niederländisch gebliebene – Stadt zu verlassen und sich in Tongeren anzusiedeln.

„Insider“ bringen Tongeren vor allem mit dem renommierten Antiquitätenmarkt in Verbindung, der jeden Sonntagvormittag stattfindet und als der größte seiner Art in Benelux gilt.

Das Gallo-Römische Museum erzählt die Geschichte Tongerens von der Zeit an, als die Stadt eine

Die Kirche im Blick: Ambiorix, König des germanischen Eburonenstammes, der hier die Legionen von Julius Cäsar das Fürchten lehrte und ihnen eine schmachvolle Niederlage bereitete.

„civitas“ war, ein wichtiger römischer Verwaltungsort. Und die gotische Liebfrauenbasilika mit ihrem so französisch wirkenden Turm (Weltkulturerbe!) birgt eine Fülle von Kunstschätzen; die Schatzkammer ist eine der reichsten des ganzen Landes. Tongeren kann noch mit einem weiteren UNESCO-Weltkulturerbe aufwarten. Im unteren Teil der Stadt spaziert man durch die Sträßchen des Beginenhofes wie durch eine andere Welt; die Kirche der Beginen existiert dort noch und man stößt auf Reste der mittelalterlichen Stadtmauer mit der „Moerenpoort“. Tongeren lebt aber durchaus nicht nur von seiner Vergangenheit. Der Besucher trifft auf viele schöne Geschäfte und eine einladende Gastronomie. Beim Fremdenverkehrsverein im Rathaus erhält er jede Menge Informationen für eine genussvolle Stadterkundung.

Wer von Maastricht nach Tongeren fährt, sollte einen Schlenker nach Alden Biesen in der belgischen Gemeinde Bilzen einplanen. Dort liegt in einem anmutigen kleinen Tal die Landkommende Alden Biesen, einst Sitz des Deutschen Ritterordens, heute Kulturzentrum der flämischen Gemeinschaft.

Hier war im Mittelalter die „Zentrale“ für alle Kommenden des Deutschen Ritterordens und ihre Ländereien im Maas-Rheingebiet. Überwiegend im Stil der Maaslandrenaissance gebaut zeugt die Wasserburg vom Reichtum und feudalen Lebensstil der Ordensritter. Der Ehrenhof mit seinem gotischen Treppengiebel, der französische Garten sowie der englische Landschaftspark sind „highlights“ der bildschönen Schlossanlage (Einkehrmöglichkeit).

Die „Landcommanderij Alden Biesen“

Die im Lütticher Rokoko gestaltete Bibliothek in Alden Biesen

Ausflug 6

Genever, Mode und ein Hauch von Nippon

In die Hauptstadt von Belgisch-Limburg: Hasselt (ca. 25 km)

Die Hälfte der Strecke lässt sich auf der Autobahn (A 13) zurücklegen und so ist man von Maastricht aus im Nu da, im pulsierenden Herzen von Belgisch Limburg.

Da er den Stadtkern ringförmig umschließt, landet man stets zuerst auf dem „Groene Boulevard“, einer schönen Besonderheit von Hasselt, der 2,3 km langen, baumbestandenen und mit zahlreichen Kunstwerken bestückten Straße, die viel Raum bietet für Fußgänger und Radler. Der Boulevard-Pendelbus verkehrt zum Nulltarif auf dieser Ringstraße, von der aus man überall ins Zentrum vordringen kann und schnell zum „Grote Markt“ gelangt, **dem** Platz von Hasselt mit ausgebreiteten Terrassen vor der Kulisse historischer Häuser.

Die einstige Tuchmachermetropole Hasselt fühlt sich noch immer den „Textilien“ verpflichtet, nicht allein, dass es hier überall feine Modegeschäfte gibt und man sich als „hippe modestad“ sieht, nein, in Hasselt hat man der Mode ein ganzes Museum gewidmet. Kleidung und Accessoires ab dem 18. Jahrhundert werden im Modemuseum präsentiert.

In Hasselts „Jenevermuseum“ wird heute wieder Branntwein produziert.

Ein anderes Museum steht ebenfalls in enger Verbindung zu einem früher wichtigen Erwerbszweig der Stadt: Das „Nationaal Jenevermuseum“ mit einer Brennereianlage aus dem 19. Jahrhundert, die heute nach ihrer Restaurierung wieder Genever produzieren kann.

Hasselt ist Bischofssitz. Bischofskirche ist die barocke „Virga Jesse-Basilika“, die in der Franzosenzeit Teile des Inventars der Abtei Herkenrode erhielt. Eigentlich waren die klösterlichen Kunstschätze Maastricht zugedacht; es fand sich jedoch niemand, der für den teuren Transport aufkam, und so blieben die Kostbarkeiten in Hasselt. „Virga Jesse“ ist der Name der Madonnenfigur aus dem 14. Jahrhundert, die in Hasselt verehrt und seit 400 Jahren alle 7 Jahre beim großen Virga-Jesse-Fest durch die Straßen getragen wird; im August 2010 ist es wieder so weit. Auch in Hasselt gibt es noch einen Beginenhof; früher existierten hier sogar zwei. In der noch bestehenden Anlage aus dem 18. Jahrhundert sind heute städtische Kultureinrichtungen untergebracht.

Wen es ins Grüne zieht, der sollte unbedingt Hasselts Japanischen Garten besuchen. Er wurde gemeinsam mit der japanischen Partnerstadt Itami nach Plänen historischer Teegärten konzipiert und ist mit 25.000 m² der größte seiner Art in Europa.

Für den Rückweg nach Maastricht kann man die N 702 wählen, entlang des Albertkanals, und fährt über Zutendaal durch den Wald nach Lanaken. Hier besteht die Möglichkeit, noch ein wenig auf dem Landgut „Domein Pietersheim“ zu verweilen. In der alten Wasserburg ist ein Besucherzentrum eingerichtet. Das ehemals fürstliche Anwesen, Tor zum Nationalpark „Hoge Kempen“, verfügt über einen 80 ha großen Park.

Am Rande des Geländes findet man einen Kinderbauernhof.

Teehaus in Hasselts Japanischem Garten

Wichtige Adressen und Tipps

Jede Tour in einer Stadt beginnt, wenn man nicht per Rad oder mit öffentlichen Verkehrsmitteln angereist ist, mit der Parkplatzsuche. Und die kann bekanntlich mitunter die freudige Erwartungsstimmung arg trüben.

In Maastricht angekommen sollte man gar nicht erst nach einem kostenfreien Parkplatz „an der Straße" suchen. Es gibt ihn nicht. Man kann mit etwas Glück sein Auto zwar unter freiem Himmel abstellen und den Parkautomaten bedienen (gebührenpflichtig Mo.-Sa. und an verkaufsoffenen Sonntagen 8 Uhr bis 18 Uhr), aber das ist teurer als ein Parkhaus zu nutzen. Wer sich für den Parkautomaten entscheidet, sei gewarnt: Es empfiehlt sich dringend, die Parkzeit peinlichst genau einzuhalten, denn die Bußgelder in den Niederlanden sind saftig. An allen Stadteinfahrten weist das Parkleitsystem dem Maastricht-Besucher den Weg zu den zentral gelegenen Parkhäusern. Maastrichts Parkhäuser im Internet: www.q-park.nl

Wer in Maastricht ein Rad mieten will, findet entsprechende Stellen am Bahnhofsvorplatz (Stationsplein 26) und in der Nähe des Vrijthofs (Calvariestr.16).

Organisierte Stadtrundfahrten gibt es von Ostern bis Herbst mit der „stadstram" ab Vrijthof, mit der Pferdekutsche ab Onze-Lieve-Vrouwe Plein sowie mit Oldtimer-Bussen der Fa. Stiphout, die als Reederei verschiedene Kombinationen mit Schiffstouren auf der Maas anbietet; auch der Besuch der St. Pietersberg-Grotten und des historischen „Bassins" kann mit den Stiphout-Rundfahrten verbunden werden.

Detaillierte Infos:

www.stadstram.com
www.citytourmaastricht.com
www.stiphout.nl (mit Infos zu allen Linienfahrten der Reederei)
www.vvvmaastricht.eu
Geführte Stadtwanderungen finden ganzjährig statt und beginnen beim Fremdenverkehrsverein VVV Maastricht, Kleine Staat 1, Anlaufstelle für alle touristischen Fragen inkl. Hotelreservierungen.

Allgemeine Ladenöffnungszeiten:

Mo. 13 - 18 Uhr; Di. - Fr. 9 - 18 Uhr; Sa. 9 - 17 Uhr; Donnerstagabend (koopavond) bis 21 Uhr

Aktuelle Infos zu besonderen Öffnungszeiten sowie eine Übersicht über die verkaufsoffenen Sonntage unter www.vvvmaastricht.eu/ maastricht_winkelstad

Markttage auf dem „Markt" rund ums Rathaus sind Mi. und Fr. (freitags großer Waren- und Fischmarkt); Do. von 14 - 18 Uhr Biomarkt auf der Stationsstraat, dort auch jeden Sa. von 10 - 16 Uhr Trödelmarkt

Infos zu allen, im Text erwähnten Einrichtungen in Maastricht (ausser Geschäften und Restaurants), alphabetisch geordnet:

Weingut Apostelhoeve,
Susserweg 201
www.apostelhoeve.nl

Historischer Binnenhafen 't Bassin
www.tbassin.nl

Bonnefantenmuseum,
Avenue Céramique 250
www.bonnefanten.nl

Brauerei De Keyser,
Wycker Grachtstr. 26
Besichtigungen jeden Sa 14 Uhr ab VVV Maastricht

Centre Céramique,
Avenue Céramique 50
Mo. geschlossen,
auch So. geöffnet
www.centreceramique.nl

Einkaufszentrum „Entre Deux"
www.entredeux.nl

Alle Infos zu Besichtigungszeiten/ Führungen für die **Sehenswürdigkeiten auf dem Sint-Pietersberg (Fort Sint Pieter, Grotten Noord und Grotten Zonneberg)** unter www.maastrichtunderground.nl

Gouvernement (Limburgische Provinzregierung)
Limburglaan 10
www.limburg.nl

Helpoort,
Sint-Bernardusstr.24 B
Offen (laut VVV unter Vorbehalt): Ostern bis Herbst nachmittags 13.30 - 16.30 Uhr.

Hoge Fronten oder Linie von Du Moulin,
Cabergerweg
Offen: So. 15 Uhr
Juli/August So., Mi., Fr. 15 Uhr

Spielplatz Fort Willem,
Kastanjelaan 50
www.speeltuinfortwillem.nl

Kazematten/Waldeckbastion
Tongerse Plein
www.maastrichtunderground.nl

Einkaufszentrum Mosae Form
(mit Parkhaus „Mosae Forum“)
www.mosaeforum.nl

Museumskeller Derlon
(im Hotel Derlon), Plankstr. 21
Offen: So. 12 - 16 Uhr

Museum aan het Vrijthof,
Vrijthof 18
www.museumaanhetvrijthof.nl

Naturhistorisches Museum,
De Bosquetplein 7
Auch montags geöffnet
www.nhmmaastricht.nl

Onze-Lieve-Vrouwe-Basilika/Schatzkammer
Onze-Lieve-Vrouwe Plein
www.sterre-der-zee.nl

Sint-Servaas-Basilika/ Schatzkammer
Keizer-Karel Plein
www.sintservaas.nl

Internet-Adressen zu einigen der jährlichen Veranstaltungen:

TEFAF - www.tefaf.com
„Tijdenstefaf festival“
www.theateraanhetvrijthof.nl

Preuvenemint
www.preuvenemint.nl

Musica Sacra
www.musicasacramaastricht.nl

Jazz Maastricht Promenade
www.jazzmaastricht.com

Nederlandse Dansdagen
www.nederlandsedansdagen.nl

Karneval
www.tempeleers.nl

Infos zu allen anderen Veranstaltungen in Maastricht unter www.vvvmaastricht.nl und www.uitburo.nl/maastricht

Infos zu Ausflug 2

Fort Eben Emael
Eben – Emael (Belgien)
Rue du Fort 40
www.fortissimus.be

Freibad und Erholungspark Oost-Maarland
Oost-Maarland
Oosterweg 5
www.dagstrand.nl

Fremdenverkehrsverein Lüttich/ Office de Tourisme de Liège
www.liegetourisme.be und für die Lütticher Museen:
www.lesmuseesdeliege.be

Infos zu Ausflug 3

Dampfeisenbahn „Miljoenelijn"/ Zuid-Limburgse Stoomtrein Maatsschappij"
Simpelveld
Stationstraat 20
www.miljoenelijn.nl

Schlossruine und „Fluweelen"-Grotte Valkenburg
Grendelplein 13 und
Daalhemerweg 27
www. Kasteelvalkenburg.nl

Grottenbiken in Valkenburg
Eingang „Sibbergroeve"
Daalhemerweg 150
www.aspadventure.nl

Bergwerk „Steenkolenmijn" Valkenburg
Daalhemerweg 31
www.steenkolenmijn.nl

Märchenwald „Sprookjesbos" Valkenburg
Sibbergrube 2 A
www.sprookjesbos.nl

Freizeitpark „De Valkenier" Valkenburg
Koningswinkelstraat 53
www.pretpark-de-valkenier.nl

Grottenaquarium Valkenburg
Trichtergrube 2
www.grottenaquarium.nl

Thermae 2000
Cauberg 25 - 27
www.thermae.nl

Holland Casino Valkenburg
Cauberg 28
www.hollandcasino.nl

Drielandenpunt Vaals
Viergrenzenweg 97
www.drielandenpunt.nl

GaiaPark Kerkrade Zoo
Dentgenbachweg 105
www.gaiapark.nl

Discovery Center Continium Kerkrade
Museumsplein 2
www.continium.nl

Infos zu Ausflug 4

Fremdenverkehrsamt
Toeristische Dienst Maaseik
Stadhuis, Markt 1
www.maaseik.be und
für die Maaseiker Museen
www.museamaaseik.be

Fremdenverkehrsamt
Toerisme Lanaken
(Infos zu Oud-Rekem)
Koning Albertlaan 110
www.toerismelanaken.be

Infos zu Ausflug 5

Fremdenverkehrsverein
Toerisme Tongeren
Stadhuisplein 9
www.tongeren.be

Gallo-Römisches
Museum Tongeren
Kielenstraat 15
www.galloromeinsmuseum.be

Liebfrauenbasilika
Tongeren / Schatzkammer
www.basiliektongeren.be

Landcommanderij Alden Biesen
Bilzen, Kasteelstraat 6
www.alden-biesen.be

Infos zu Ausflug 6

Fremdenverkehrsverein
Toerisme Hasselt
Lombaardstraat 3 (Rathaus)

Japanischer Garten Hasselt
Gouverneur Verwilghensingel
www.hasselt.be

Modemuseum Hasselt
Gasthuisstraat 11
www.hasselt.be

Nationales Genever-Museum
Hasselt
Witte Nonnenstraat 19
www.jenevermuseum.be

Kinderbauernhof
Lanaken-Pietersheim
www.lanaken.be/pietersheim

Extra-Tipp für Radler

Es gibt jede Menge Karten für das riesige, grenzübergreifende Radwegenetz in Niederländisch und Belgisch Limburg, das auf einem praktischen Knotenpunktsystem („Knooppunten") basiert und über verkehrsarme und reizvolle Routen führt.

Alle Fremdenverkehrsvereine in der Region haben neben einer großen Auwahl an Wanderkarten Radwegeführer im Angebot und man hat die Qual der Wahl zwischen vielen sehr unterschiedlichen Regionen und Strecken mit einer Fülle von thematischen Schwerpunkten.

Detaillierte Infos unter:

www.fietsroute.org/
Fietsroutes_Limburg.htm
(für Belgisch Limburg)

www.vvvzuidlimburg.nl
(für Niederländisch-Limburg)

www.mtbroutes.nl
(für Mountainbiker)

In Maastricht ist immer was los …

Eine Auswahl aus dem Veranstaltungskalender

Dezember /Januar

- Wintervergnügen auf dem Vrijthof

Februar

- Karneval

März

- TEFAF
- Tijdenstefaf-Festival
- Jazz Maastricht Masters
- Euregionales Opern- und Musiktheater Festival
- Film Festival Maastricht (auch Aachen und Lüttich beteiligt)

April

- „Festival Cement“ (junge Theatermacher, Tänzer, Filmregisseure, Musiker präsentieren sich)
- „Amstel Gold Race“ (Internationales Radrennen mit Start in Maastricht)

Mai

- Maastricht Toneelstad (Theater an unterschiedlichen Orten in der Stadt)
- Servaaskirmes

Juni

- Manus van Alles (multikulturelles Festival mit Musik, Tanz, „Weltmarkt“ mit exotischen Angeboten und Aktivitäten wie Kamelreiten rund ums Nomadenzelt)

Juli/August

- L'Europe & l'Orgue (Orgelfestival in den großen Kirchen der Stadt und in verschiedenen Kirchen in Limburg)
- Preuvenemint
- Konzerte von André Rieu auf dem Vrijthof

September

- „Het Parcours“ (Eröffnung der Theatersaison. Theater und Musik an vielen Orten in der Stadt)
- Musica Sacra

Oktober

- Nederlandse Dandsdagen (Tanzfestival)

November

- Jumping Indoor Maastricht (Internationales Springreitturnier)

Was sind Giebelsteine?

Es soll 200 davon geben in Maastricht. Bilder aus Stein an den Hausfassaden. Tiere sind darauf zu sehen oder Gegenstände, manchmal auch Heiligenfiguren. Sehr oft bunt oder vergoldet. Manche Steine sind richtig lustig wie z.B. das „weiße Kuhbein“.

Vielleicht früher ein Gasthofschild mit der Botschaft: Hier kann man gut essen und bekommt „fangfrische“ Hühner serviert.

Oft lassen sich Inschriften entziffern, in Lateinisch oder Französisch ,das man früher in Maastricht gesprochen hat. Oder in einem alten Niederländisch mit komischer Rechtschreibung.
Das kann man als Deutscher aber meistens ziemlich gut verstehen. Probier es aus:„In Den Swaenen“, „In Den Orange Boom“ oder „In Den Gulden Oliphant“.
Die meisten Hauszeichen stammen aus dem 18. Jahrhundert. Zu dieser Zeit wurden in Maastricht viele Häuser aus Holz durch Steinhäuser ersetzt und man konnte an den Fassaden die in Stein gemeißelten Bilder anbringen. Hausnummern kannte man damals noch nicht und so bekam der Gasthof, das Geschäft oder private Wohnhaus mit dem Zeichen aus Stein so etwas wie eine Adresse. Einige Giebelsteine informieren uns darüber, wer in diesem Haus wohnte und womit er sein Geld verdiente. Oder wo er früher gelebt hatte.

DAS GIEBELSTEINSPIEL

Wie funktioniert das Giebelsteinspiel?

Hier wurden Säcke hergestellt.

Die Leute, die hier wohnten, kamen aus Roermond und hatten vielleicht noch etwas Heimweh nach ihrem alten Zuhause.

Manche Hauszeichen sind bis heute ein Rätsel geblieben, wie die grüne Fratze in der „Hoogbrugstraat".

Das Giebelstein-Ratespiel führt Dich auf beide Seiten der Maas. Auf den 4 kleinen Stadtplanausschnitten im Buch findest Du die Straßen, in denen Du nach den Giebelsteinen suchen musst, um die es auf dem Aufgabenblatt geht. Wenn Du der großen Wanderroute durch die Stadt folgst, triffst Du auf die genannten Straßen.

Die gesuchten Buchstaben schreibst du auf dem Lösungsblatt jeweils hinter die Straßennamen in die Kästchen und trägst sie am Ende in der vorgegebenen Reihenfolge in die 11 leeren Kästchen ein, die das Lösungswort ergeben.

Tipp: Dieses Wort bezeichnet eine besonders spannende Sehenswürdigkeit von Maastricht.

Aufgaben

1. Über der alten Drogerie, Stenen Brug Nr. 12, ist eine Szene mit einem Heiligen dargestellt. Wie heißt der Heilige? Trage den 4. Buchstaben seines Namens in das Kästchen ein!

2. Ein großer „Vogel" ist auf einer Hausfassade am Vrijthof zu sehen. Er hat der alten Gaststätte ihren Namen gegeben. Einzutragen ist der 3. Buchstabe vom Namen des Tieres.

3. Rot, blau oder schwarz? Wie sah die Hand des Tuchfärbers aus? Die Antwort gibt der Giebelstein am Haus Markt 55. Trage den 1. Buchstaben der Farbe ein!

4. Es handelt sich um einen „...Bock" auf dem Haus in der Jodenstraat/Ecke Muntstraat(Nähe VVV). Trage vom fehlenden Wort den vorletzten Buchstaben ein!

5. Wie heißt der kleine Engel in der Rechtstraat 66 im Maastrichter Dialekt? Trage den 1. Buchstaben des Wortes ein!

6. Man kann ihn nicht nutzen, zu hoch aufgehängt und außerdem blind. Wie heißt der Gegenstand auf dem Haus Rechtstraat 92? Trage vom Wort den 4. Buchstaben ein!

7. Der Gegenstand findet sich in jedem Haushalt. Wie heißt er? Schau nach in der Hoogbrugstraat 56 und trage den 5. Buchstaben ein!

8. Wie heißt die rote Blume in der Hoogbrugstraat 25 auf Deutsch? Einzutragen ist der 3. Buchstabe!

Aufgaben

9. In der Hoogbrugstraat ist ein Giebelstein auf einem auffallend niedrigen roten und langgestreckten Gebäude zu sehen. Er zeigt die Person, die dem Haus seinen Namen gab. Wie heißt das Gebäude? Der 1. Buchstabe muss eingetragen werden.

10. In der Sint-Bernardusstraat läuft ein schönes schwarzes … von 1743. Um welches Tier handelt es sich? Es muss wieder der 1. Buchstabe eingetragen werden.

11. Normalerweise im Zoo oder im Zirkus zu sehen. Aber auch in der Stokstraat Nr. 57. Hier hat früher ein Händler Gewürze aus dem Orient verkauft. Wie heißt sein „Wappentier"? Trage den 3. Buchstaben ein!

Lösungsblatt

Laufroute	Gesuchte Buchstaben	Reihenfolge der Buchstaben fürs Lösungswort
1 Stenen Brug	________________	4
2 Vrijthof	________________	6
3 Markt	________________	8
4 Jodenstraat	________________	3
5 Rechtstraat	________________	2
6 Rechtstraat	________________	5
7 Hoogbrugstraat	________________	10
8 Hoogbrugstraat	________________	7
9 Hoogbrugstraat	________________	11
10 Sint Bernardusstraat	________________	1
11 Stokstraat	________________	9

1	2	3	4	5	6	7	8	9	10	11

Danke - Bedankt

Meiner Freundin Rosalie Sprooten aus Maastricht gebührt herzlicher Dank; ihre „connecties“ ermöglichten mir zwei interessante Gespräche. Ebenso danke ich Mia Jongen für aufschlussreiche Literatur über ihre Heimatstadt. Den allergrößten Dank schulde ich meinem Lebensgefährten Klaus Stockem für die vielen Fotos und seinen unermüdlichen Einsatz bei der Bildverarbeitung.

Fotonachweis

VVV Maastricht 3, 4, 9, 12, 15, 26, 27, 29, 31, 42, 43,
....87, 95, 113, 114, 127, 137, 142, 143

Camille Oostwegel
Château Hotels & -Restaurants 28, 67, 68, 115, 119, 120

GEV..6, 7, 34

Toerisme Tongeren..132

Office du Tourisme Liège 118

Toerisme Hasselt 134, 135

Landcommanderij
Alden Biesen, Bilzen..133

JCCArchitects
Jo Coenen, Maastricht...98

Provincie Limburg 11

Kasteel Vaeshartelt, Maastricht...84

Zuid-Limburgse Stoomtrein Maatschappij, Simpelveld 124

Alle übrigen Fotos: Klaus Stockem

Literaturnachweis

Bauer, Marcel u.a.: Unterwegs auf Couvens Spuren. GEV, 2005

Bemelmans, H.u.a.: Mergelland. Le Pays Trace A La Craie (Balades sans Frontières). Commune de Riemst 1995

v.d.Boogard, J.: Kasteel Vaeshartelt. Maastrichts Silhouet 37. Stichting Historische Reeks Maastricht 1995

Bronzwaer, P.: Maastricht bevrijd! En toen…? Deel II. Stichting Historische Reeks Maastricht 1989

Faber-Asselborn, I.: Unterwegs in Süd-Limburg. GEV, 1999

v.d.Hoven, F.: Op ontdekkingstocht door Zuid-Limburg. Leerdam 2003

Jappe Alberts,W.: Geschiedenis van de beide Limburgen. Deel II. Assen 1983

Kamphoven, J.: St. Pietersberg. Maastrichts Silhouet 5. Stichting Historische Reeks Maastricht. 1993

Sprooten, R./Hoenen, J.: Alles moet bevochten worden (Een portret van Camille Oostwegel). Baarn 2007